U0022788

心一堂術數古籍珍本叢刊

書名：《子平命術要訣》《知命篇》合刊
系列：心一堂術數古籍珍本叢刊　星命類　第二輯　134
作者：【民國】鄒文耀、【民國】胡仲言撰
主編、責任編輯：陳劍聰
心一堂術數古籍珍本叢刊編校小組：陳劍聰　素聞　梁松盛　鄒偉才　虛白盧主

出版：心一堂有限公司
通訊地址：香港九龍旺角彌敦道六一〇號荷李活商業中心十八樓〇五—〇六室
深港讀者服務中心‧中國深圳市羅湖區立新路六號羅湖商業大廈負一層〇〇八室
電話號碼：(852)67150840
網址：publish.sunyata.cc
電郵：sunyatabook@gmail.com
網店：http://book.sunyata.cc
淘寶店地址：https://shop210782774.taobao.com
微店地址：https://weidian.com/s/1212826297
臉書：https://www.facebook.com/sunyatabook
讀者論壇：http://bbs.sunyata.cc/

版次：二零一七年六月初版
平裝

定價：港幣　一百二十八元正
新台幣　五百六十元正

國際書號：ISBN 978-988-8317-55-4

香港發行：香港聯合書刊物流有限公司
地址：香港新界大埔汀麗路36號中華商務印刷大廈3樓
電話號碼：(852)2150-2100
傳真號碼：(852)2407-3062
電郵：info@suplogistics.com.hk

台灣發行：秀威資訊科技股份有限公司
地址：台灣台北市內湖區瑞光路七十六巷六十五號一樓
電話號碼：+886-2-2796-3638
傳真號碼：+886-2-2796-1377
網絡書店：www.bodbooks.com.tw
台灣國家書店讀者服務中心：
地址：台灣台北市中山區松江路二〇九號一樓
電話號碼：+886-2-2518-0207
傳真號碼：+886-2-2518-0778
網絡書店：http://www.govbooks.com.tw

中國大陸發行　零售：深圳心一堂文化傳播有限公司
深圳地址：深圳市羅湖區立新路六號羅湖商業大廈負一層〇〇八室
電話號碼：(86)0755-82224934

心一堂微店二維碼

心一堂淘寶店二維碼

心一堂術數古籍 珍本整理 叢刊 總序

術數定義

術數，大概可謂以「推算（推演）、預測人（個人、群體、國家等）、事、物、自然現象、時間、空間方位等規律及氣數，並或通過種種『方術』，從而達致趨吉避凶或某種特定目的」之知識體系和方法。

術數類別

我國術數的內容類別，歷代不盡相同，例如《漢書・藝文志》中載，漢代術數有六類：天文、曆譜、五行、蓍龜、雜占、形法。至清代《四庫全書》，術數類則有：數學、占候、相宅相墓、占卜、命書、相書、陰陽五行、雜技術等，其他如《後漢書・方術部》、《藝文類聚・方術部》、《太平御覽・方術部》等，對於術數的分類，皆有差異。古代多把天文、曆譜、及部分數學均歸入術數類，而民間流行亦視傳統醫學作為術數的一環；此外，有些術數與宗教中的方術亦往往難以分開。現代民間則常將各種術數歸納為五大類別：命、卜、相、醫、山，通稱「五術」。

本叢刊在《四庫全書》的分類基礎上，將術數分為九大類別：占筮、星命、相術、堪輿、選擇、三式、讖諱、理數（陰陽五行）、雜術（其他）。而未收天文、曆譜、算術、宗教方術、醫學。

術數思想與發展——從術到學，乃至合道

我國術數是由上古的占星、卜筮、形法等術發展下來的。其中卜筮之術，是歷經夏商周三代而通過「龜卜、著筮」得出卜（筮）辭的一種預測（吉凶成敗）術，之後歸納並結集成書，此即現傳之《易

經》。經過春秋戰國至秦漢之際，受到當時諸子百家的影響、儒家的推崇，遂有《易傳》等的出現，原本是卜筮術書的《易經》，被提升及解讀成有包涵「天地之道（理）」之學。因此，《易・繫辭傳》曰：「易與天地準，故能彌綸天地之道。」

漢代以後，易學中的陰陽學說，與五行、九宮、干支、氣運、災變、律曆、卦氣、讖緯、天人感應說等相結合，形成易學中象數系統。而其他原與《易經》本來沒有關係的術數，如占星、形法、選擇，亦漸漸以易理（象數學說）為依歸。《四庫全書・易類小序》云：「術數之興，多在秦漢以後。要其旨，不出乎陰陽五行，生尅制化。實皆《易》之支派，傳以雜說耳。」至此，術數可謂已由「術」發展成「學」。

及至宋代，術數理論與理學中的河圖洛書、太極圖、邵雍先天之學及皇極經世等學說給合，通過術數以演繹理學中「天地中有一太極，萬物中各有一太極」（《朱子語類》）的思想。術數理論不單已發展至十分成熟，而且也從其學理中衍生一些新的方法或理論，如《梅花易數》、《河洛理數》等。

在傳統上，術數功能往往不止於僅僅作為趨吉避凶的方術，及「能彌綸天地之道」的學問，亦有其「修心養性」的功能，「與道合一」（修道）的內涵。《素問・上古天真論》：「上古之人，其知道者，法於陰陽，和於術數。」數之意義，不單是外在的算數、歷數、氣數，而是與理學中同等的「道」、「理」--心性的功能，北宋理氣家邵雍對此多有發揮：「聖人之心，是亦數也」、「萬化萬事生乎心」、「心為太極」。《觀物外篇》：「先天之學，心法也。……蓋天地萬物之理，盡在其中矣，心一而不分，則能應萬物。」反過來說，宋代的術數理論，受到當時理學、佛道及宋易影響，認為心性本質上是等同天地之太極。天地萬物氣數規律，能通過內觀自心而有所感知，即是內心也已具備有術數的推演及預測、感知能力；相傳是邵雍所創之《梅花易數》，便是在這樣的背景下誕生。

《易・文言傳》已有「積善之家，必有餘慶；積不善之家，必有餘殃」之說，至漢代流行的災變說及讖緯說，我國數千年來都認為天災，異常天象（自然現象），皆與一國或一地的施政者失德有關；下至家族、個人之盛衰，也都與一族一人之德行修養有關。因此，我國術數中除了吉凶盛衰理數之外，人心的德行修養，也是趨吉避凶的一個關鍵因素。

術數與宗教、修道

在這種思想之下，我國術數不單只是附屬於巫術或宗教行為的方術，又往往是一種宗教的修煉手段——通過術數，以知陰陽，乃至合陰陽（道）。「其知道者，法於陰陽，和於術數。」例如，「奇門遁甲」術中，即分為「術奇門」與「法奇門」兩大類。「法奇門」中有大量道教中符籙、手印、存想、內煉的內容，是道教內丹外法的一種重要外法修煉體系。甚至在雷法一系的修煉上，亦大量應用了術數內容。此外，相術、堪輿術中也有修煉望氣（氣的形狀、顏色）的方法；堪輿家除了選擇陰陽宅之吉凶外，也有道教中選擇適合修道環境（法、財、侶、地中的地）的方法，以至通過堪輿術觀察天地山川陰陽之氣，亦成為領悟陰陽金丹大道的一途。

易學體系以外的術數與的少數民族的術數

我國術數中，也有不用或不全用易理作為其理論依據的，如揚雄的《太玄》、司馬光的《潛虛》。也有一些占卜法、雜術不屬於《易經》系統，不過對後世影響較少而已。

外來宗教及少數民族中也有不少雖受漢文化影響（如陰陽、五行、二十八宿等學說。）但仍自成系統的術數，如古代的西夏、突厥、吐魯番等占卜及星占術，藏族中有多種藏傳佛教占卜術、苯教占卜術、擇吉術、推命術、相術等；北方少數民族有薩滿教占卜術；不少少數民族如水族、白族、布朗族、佤族、彝族、苗族等，皆有占雞（卦）草卜、雞蛋卜等術，納西族的占星術、占卜術，彝族畢摩的推命術、占卜術……等等，都是屬於《易經》體系以外的術數。相對上，外國傳入的術數以及其理論，對我國術數影響更大。

曆法、推步術與外來術數的影響

我國的術數與曆法的關係非常緊密。早期的術數中，很多是利用星宿或星宿組合的位置（如某星在某州或某宮某度）付予某種吉凶意義，并據之以推演，例如歲星（木星）、月將（某月太陽所躔之宮次）等。不過，由於不同的古代曆法推步的誤差及歲差的問題，若干年後，其術數所用之星辰的位置，已與真實星辰的位置不一樣了；此如歲星（木星），早期的曆法及術數以十二年為一周期（以應地支），與木星真實周期十一點八六年，每幾十年便錯一宮。後來術家又設一「太歲」的假想星體來解決，是歲星運行的相反，週期亦剛好是十二年。而術數中的神煞，很多即是根據太歲的位置而定。又如六壬術中的「月將」，原是立春節氣後太陽躔娵訾之次而稱作「登明亥將」，至宋代，因歲差的關係，要到雨水節氣後太陽才躔娵訾之次，當時沈括提出了修正，但明清時六壬術中「月將」仍然沿用宋代沈括修正的起法沒有再修正。

由於以真實星象周期的推步術是非常繁複，而且古代星象推步術本身亦有不少誤差，大多數術數除依曆書保留了太陽（節氣）、太陰（月相）的簡單宮次計算外，漸漸形成根據干支、日月等的各自起例，以起出其他具有不同含義的眾多假想星象及神煞系統。唐宋以後，我國絕大部分術數都主要沿用這一系統，也出現了不少完全脫離真實星象的術數，如《子平術》、《紫微斗數》、《鐵版神數》等。後來就連一些利用真實星辰位置的術數，如《七政四餘術》及選擇法中的《天星選擇》，也已與假想星象及神煞混合而使用了。

隨着古代外國曆（推步）、術數的傳入，如唐代傳入的印度曆法及術數，元代傳入的回回曆等，其中我國占星術便吸收了印度占星術中羅睺星、計都星等而形成四餘星，又通過阿拉伯占星術而吸收了其中來自希臘、巴比倫占星術的黃道十二宮、四大（四元素）學說（地、水、火、風），並與我國傳統的二十八宿、五行說、神煞系統並存而形成《七政四餘術》。此外，一些術數中的北斗星名，不用我國傳統的星名：天樞、天璇、天璣、天權、玉衡、開陽、搖光，而是使用來自印度梵文所譯的：貪狼、巨門、祿存、文曲，廉貞、武曲、破軍等，此明顯是受到唐代從印度傳入的曆法及占星術所影響。如星命術中的《紫微斗數》及堪輿術中的《撼龍經》等文獻中，其星皆用印度譯名。及至清初《時憲曆》，置閏之法則改用西法「定氣」。清代以後的術數，又作過不少的調整。

此外，我國相術中的面相術、手相術，唐宋之際受印度相術影響頗大，至民國初年，又通過翻譯歐西、日本的相術書籍而大量吸收歐西相術的內容，形成了現代我國坊間流行的新式相術。

陰陽學——術數在古代、官方管理及外國的影響

術數在古代社會中一直扮演着一個非常重要的角色，影響層面不單只是某一階層、某一職業、某一年齡的人，而是上自帝王，下至普通百姓，從出生到死亡，不論是生活上的小事如洗髮、出行等，大事如建房、入伙、出兵等，從個人、家族以至國家，從天文、氣象、地理到人事、軍事，從民俗、學術到宗教，都離不開術數的應用。我國最晚在唐代開始，已把以上術數之學，稱作陰陽（學），行術數者稱陰陽人。（敦煌文書、斯四三二七唐《師師漫語話》：「以下說陰陽人謾語話」，此說法後來傳入日本，今日本人稱行術數者為「陰陽師」）。一直到了清末，欽天監中負責陰陽術數的官員中，以及民間術數之士，仍名陰陽生。

古代政府的中欽天監（司天監），除了負責天文、曆法、輿地之外，亦精通其他如星占、選擇、堪輿等術數，除在皇室人員及朝庭中應用外，也定期頒行日書、修定術數，使民間對於天文、日曆用事吉凶及使用其他術數時，有所依從。

我國古代政府對官方及民間陰陽學及陰陽官員，從其內容、人員的選拔、培訓、認證、考核、律法監管等，都有制度。至明清兩代，其制度更為完善、嚴格。

宋代官學之中，課程中已有陰陽學及其考試的內容。（宋徽宗崇寧三年〔一一零四年〕崇寧算學令：「諸學生習……並曆算、三式、天文書。」「諸試……三式即射覆及預占三日陰陽風雨。天文即預

定一月或一季分野災祥，並以依經備草合問為通。」

金代司天臺，從民間「草澤人」（即民間習術數人士）考試選拔：「其試之制，以《宣明曆》試推步，及《婚書》、《地理新書》試合婚、安葬，並《易》筮法，六壬課、三命、五星之術。」（《金史》卷五十一．志第三十二．選舉一）

元代為進一步加強官方陰陽學對民間的影響、管理、控制及培育，除沿襲宋代、金代在司天監掌管陰陽學及中央的官學陰陽學課程之外，更在地方上增設陰陽學課程（《元史．選舉志一》：「世祖至元二十八年夏六月始置諸路陰陽學。」）地方上也設陰陽學教授員，培育及管轄地方陰陽人。（《元史．選舉志一》：「（元仁宗）延祐初，令陰陽人依儒醫例，於路、府、州設教授員，凡陰陽人皆管轄之，而上屬於太史焉。」）自此，民間的陰陽術士（陰陽人），被納入官方的管轄之下。

至明清兩代，陰陽學制度更為完善。中央欽天監掌管陰陽學，明代地方縣設陰陽學正術，各州設陰陽學典術，各縣設陰陽學訓術。陰陽人從地方陰陽學肄業或被選拔出來後，再送到欽天監考試。（《大明會典》卷二二三：「凡天下府州縣舉到陰陽人堪任正術等官者，俱從吏部送（欽天監），考中，送回選用；不中者發回原籍為民，原保官吏治罪。」）清代大致沿用明制，凡陰陽術數之流，悉歸中央欽天監及地方陰陽官員管理、培訓、認證。至今尚有「紹興府陰陽印」、「東光縣陰陽學記」等明代銅印，及某某縣某某之清代陰陽執照等傳世。

清代欽天監漏刻科對官員要求甚為嚴格。《大清會典》「國子監」規定：「凡算學之教，設肄業生。滿洲十有二人，蒙古、漢軍各六人，於各旗官學內考取。漢十有二人，於舉人、貢監生童內考取。附學生二十四人，由欽天監選送。教以天文演算法諸書，五年學業有成，舉人引見以欽天監博士用，貢監生童以天文生補用。」學生在官學肄業、貢監生肄業或考得舉人後，經過了五年對天文、算法、陰陽學的學習，其中精通陰陽術數者，會送往漏刻科。而在欽天監供職的官員，《大清會典則例》「欽天監」規定：「本監官生三年考核一次，術業精通者，保題升用。不及者，停其升轉，再加學習。如能黽勉供職，即予開復。仍不及者，降職一等，再令學習三年，能習熟者，准予開復，仍不能者，黜退。」除定期考核以定其升用降職外，《大清律例》中對陰陽術士不準確的推斷（妄言禍福）是要治罪的。《大清律例．一七八．術七．妄言禍福》：「凡陰陽術士，不許於大小文武官員之家妄言禍福，違者杖一百。其依經推算星命卜課，不在禁限。」大小文武官員延請的陰陽術士，自然是以欽天監漏刻科官員或地方陰陽官員為主。

官方陰陽學制度也影響鄰國如朝鮮、日本、越南等地，一直到了民國時期，鄰國仍然沿用着我國的多種術數。而我國的漢族術數，在古代甚至影響遍及西夏、突厥、吐蕃、阿拉伯、印度、東南亞諸國。

術數研究

術數在我國古代社會雖然影響深遠，「是傳統中國理念中的一門科學，從傳統的陰陽、五行、九宮、八卦、河圖、洛書等觀念作大自然的研究。……傳統中國的天文學、數學、煉丹術等，要到上世紀中葉始受世界學者肯定。可是，術數還未受到應得的注意。術數在傳統中國科技史、思想史，文化史、社會史，甚至軍事史都有一定的影響。……更進一步了解術數，我們將更能了解中國歷史的全貌。」（何丙郁《術數、天文與醫學中國科技史的新視野》，香港城市大學中國文化中心。）

可是術數至今一直不受正統學界所重視，加上術家藏秘自珍，又揚言天機不可洩漏，「（術數）乃吾國科學與哲學融貫而成一種學說，數千年來傳衍嬗變，或隱或現，全賴一二有心人為之繼續維繫，賴以不絕，其中確有學術上研究之價值，非徒癡人說夢，荒誕不經之謂也。其所以至今不能在科學中成立一種地位者，實有數因。蓋古代士大夫階級目醫卜星相為九流之學，多恥道之；而發明諸大師又故為惝恍迷離之辭，以待後人探索；間有一二賢者有所發明，亦秘莫如深，既恐洩天地之秘，復恐譏為旁門左道，始終不肯公開研究，成立一有系統說明之書籍，貽之後世。故居今日而欲研究此種學術，實一極困難之事。」（民國徐樂吾《子平真詮評註》，方重審序）

現存的術數古籍，除極少數是唐、宋、元的版本外，絕大多數是明、清兩代的版本。其內容也主要是明、清兩代流行的術數，唐宋或以前的術數及其書籍，大部分均已失傳，只能從史料記載、出土文獻、敦煌遺書中稍窺一鱗半爪。

術數版本

坊間術數古籍版本，大多是晚清書坊之翻刻本及民國書賈之重排本，其中豕亥魚魯，或任意增刪，往往文意全非，以至不能卒讀。現今不論是術數愛好者，還是民俗、史學、社會、文化、版本等學術研究者，要想得一常見術數書籍的善本、原版，已經非常困難，更遑論如稿本、鈔本、孤本等珍稀版本。在文獻不足及缺乏善本的情況下，要想對術數的源流、理法、及其影響，作全面深入的研究，幾不可能。

有見及此，本叢刊編校小組經多年努力及多方協助，在海內外搜羅了二十世紀六十年代以前漢文為主的術數類善本、珍本、鈔本、孤本、稿本、批校本等數百種，精選出其中最佳版本，分別輯入兩個系列：

一、心一堂術數古籍珍本叢刊

二、心一堂術數古籍整理叢刊

前者以最新數碼（數位）技術清理、修復珍本原本的版面，更正明顯的錯訛，部分善本更以原色彩色精印，務求更勝原本。并以每百多種珍本、一百二十冊為一輯，分輯出版，以饗讀者。

後者延請、稿約有關專家、學者，以善本、珍本等作底本，參以其他版本，古籍進行審定、校勘、注釋，務求打造一最善版本，方便現代人閱讀、理解、研究等之用。

限於編校小組的水平，版本選擇及考證、文字修正、提要內容等方面，恐有疏漏及舛誤之處，懇請方家不吝指正。

心一堂術數古籍（珍本／整理）叢刊編校小組

二零零九年七月序

二零一四年九月第三次修訂

中華民國十六年

子平命術要訣

衡陽鄒文耀著述

維新命學眞詮出版預告

著述者衡陽鄒文耀

命學爲人生趨吉避凶之指針而諸家之解釋非失之于捕風捉影之空談即失之于迷信異端之附會以致談命者心無確實把握通人破口斥爲迷信是書全本天文學地文學氣象學生物學物理學論理學數學等科學學理及方法解釋命學之原理應用命術之方法推斷人生之命運語語皆眞字字有據力去舊日懸空之論調發揮命學上可以實用可以証實之眞理開命學界之新紀元誠空前之巨作也書已成稿不日付印

高等造命學大全　出版預告

著述者衡陽鄒文耀

是書採用命學原理應用科學方法本人定勝天之旨以造成人生適宜之環境操縱人生之命運對于人生實用大有功用之作也現正在編輯中

西洋數理命運學　出版預告

譯述者衡陽鄒文耀

是書現正在譯述中以備研究命學者之參考

子平命術要訣目錄

子平命術要訣

衡陽鄒文耀著述

一　命學爲實驗所得之眞理說

科學與迷信多時出於一源。如天文學之起源於占星術。化學之源出於點金術。可例証也。至其後分途而進。科學則以求眞理爲目的迷信只限於老守遺傳的信仰遂至二者截然大異。而互相沖突。故吾人對於迷信學說。若能研究其眞理。將已知之事實。以証明之確認之。作成一個體系說。同信仰一般。則迷信之說。不攻自破矣。倡實驗主義 Experimentalism 哲學家有言曰。眞理不是先天存在的理想。是由我們構成証明他是妥當的。眞理不過是一個歷程。而實際的効果。纔是眞理的歸宿。又云眞理到底是人的眞理。要是沒有人的努力和動因。眞理便不能成立。由是可知實驗主義的眞理觀。不是理想的。是人間的。不是絕對的。是相對的。其說益明矣。失勒氏 F. C. Schiller 曰。眞理是實際的組成。以應用於客觀的。即一般人而應用同一的眞理。是迫於社會上的交際。和堅實的生活上所必需的。詹姆士 William James 曰。我們對於今天所得之眞理。明日也許斥爲虛僞。由此可知眞理其初是偶然的。及後因各人的需要。又轉而構成必然的客觀的眞理。應用於社會矣。命學者。發揮哲學上宇宙觀察之一部。依天道循環之理。以律人事。而知吉凶禍福之學說也。易曰古者包犧氏之王天下也。仰則觀象於天。俯則觀法於地。觀鳥獸之文與地之宜。遠取諸物。近取諸身。於是作八卦。以通神明之德。以類萬物之情。是明以天文學地文學生物學等自然科學的研、爲基礎而作八卦也。蓋古人以爲研究天體之配置與人事之變化。可以豫知人之命運。占星術之根據即在於此。命術之發源亦在於此。故命學又名曰星學也。五行生尅之理。闡於河洛。干支創造之時。起於上古。命術者由五行生尅之法而成也。其所用之符號則有甲乙丙丁戊己庚辛壬癸十天干。及子丑寅卯辰巳午未申酉戌亥十二地支。其所用之學理。則有天文學地文學氣象學生物學物理學論理學及數學等等。其所用之方法。則用實驗主義考察之試驗之是也。我國命學之有著作。或云肇於上古。然年代已久。不可考矣。歷戰國漢晉南北隋唐。如珞琭子董仲舒管輅魏定諸人。皆用其術。唐時李泌李虛中之徒。皆爲命學界之鉅子。李虛中得李泌所受之管輅書。天陽訣。及僧一行之銅鈸要旨。推衍而用之。改年主爲日主。命術至是一變矣。至五代時徐子平得李虛中之術而損益之。專主五行。不主納音。其法至是又變矣。現時推命之學。由元人推子平之法而演繹爲之者。故通稱曰子平命術。由是可知命學者。非天造地設也。特由多數人之經驗。用符號用學理。用實驗。所得之種種結果。綜核之。判斷之。而成一具體的學術。可信的眞理。是命學爲相對的。進步的。隨人事之變遷。社會之改移而變化之學說也。惟惜古時命書。對於要訣。未加詳細說明。以致後人讀命書多時。而仍難得要領。論命時驗者固多。而不驗者亦復不少。遂易起人懷疑之心。而目之爲迷信也。本書對於命學。撮要提綱。用科學方法。發顯文字。將命學方法。詳細說明。讀者得此。毫無困難之處容易了解命術之秘訣。而能運用自如。庶迷信之說可破。而命術之眞理更明。對於處世接物之道。當大有所補也。

二　干支源流

天干有十。地支有十二。甲乙丙丁戊己庚辛壬癸。謂之十天干。子丑寅卯辰巳午未申酉戌亥。謂之十二地支。昔黃帝命大撓探五行之情。占斗綱所建。始作甲子。以命歲時。以干配天。故曰天干。以支配地。故曰地支。此甲子干支紀時之源流也。

三　干支配屬及五行

甲乙配木。屬東方寅卯辰之位。故寅卯辰亦屬木也。丙丁配火。屬南方巳午未之位。故巳午未亦屬火也。戊己配土。屬中央辰戌丑未之位。故辰戌丑未又分而屬土也。庚辛配金。屬西方。申酉戌之位。故申酉戌亦屬金也。壬癸配水。屬北方亥子丑之位。故亥子丑亦屬水也。

四　干支陰陽及配對

天干甲丙戊庚壬五者屬陽。乙丁己辛癸五者屬陰。地支子寅辰午申戌六者屬陽。丑卯巳未酉亥六者屬陰。干支陽與陽配。陰與陰對。如甲配子而成甲子。因甲與子均爲陽也。乙配丑而成乙丑。因乙與丑均爲陰也。此甲子相配。依次順行。適成六十也。

五　天干化合

甲與己合化土。乙與庚合化金。丙辛合化水。丁與壬合化木。戊與癸合化火。但兩甲合一己。

或兩己合一甲之類。謂之爭合。僅有十之二三之合意。情不專矣。

六　地支化合

子與丑合化土。寅與亥合化木。卯與戌合化火。辰與酉合化金。巳與申合化水。午與未合因午爲太陽。未爲太陰。日月合明也。

七　地支三會

申子辰會水局。亥卯未會木局。寅午戌會火局。巳酉丑會金局。辰戌丑未全謂之土局。按地支會局則其勢盛。如申子辰三合水局。則成江海汪洋之水矣。有以僅見二字爲半會水局如申子或子辰之類是也。餘均仿此。

八　地支相沖

子午相沖。寅申相沖。卯酉相沖。戌辰相沖。丑未相沖。巳亥相沖。謂之六沖。相沖即相尅之意但二子一午或一午二子。謂之雙包。主吉不以沖論。若三子一午。則又沖矣。餘均仿此。

九　地支相害

子未相害。丑午相害。寅巳相害。卯辰相害。申亥相害。酉戌相害。謂之六害。相害即不和之意。

十　地支三刑

子刑卯。卯刑子。爲無禮之刑。寅刑巳。巳刑申。申刑寅。爲恃勢之刑。丑刑戌。戌刑未。未刑丑。爲無恩之刑。辰刑辰。午刑午。酉刑酉。亥刑亥。爲自刑之刑。吉神忌刑沖。凶神宜刑沖。

十一　地支生肖

子屬鼠。丑屬牛。寅屬虎。卯屬兎。辰屬龍。巳屬蛇。午屬馬。未屬羊。申屬猴。酉屬雞。戌屬狗。亥屬豬。按生肖之說。始於黃帝立子午十二辰以名月又以十二獸屬之是也。

十二　干支納音五行

昔黃帝命大撓探五行之情。政天書三式。以十干十二支。衍而成六十。取納音聲而定之爲納音。即甲子乙丑海中金之類是也。茲述之以備參考。

甲子乙丑海中金	丙寅丁卯爐中火	戊辰己巳大林木	庚午辛未路傍土
壬申癸酉劍鋒金	甲戌乙亥山頭火	丙子丁丑澗下水	戊寅己卯城頭土
庚辰辛巳白蠟金	壬午癸未楊柳木	甲申乙酉泉中水	丙戌丁亥屋上土
戊子己丑霹靂火	庚寅辛卯松柏木	壬辰癸巳長流水	甲午乙未沙中金
丙申丁酉山下火	戊戌己亥平地木	庚子辛丑壁上土	壬寅癸卯金箔金
甲辰乙巳覆燈火	丙午丁未天河水	戊申己酉大驛土	庚戌辛亥釵釧金
壬子癸丑桑柘木	甲寅乙卯大溪水	丙辰丁巳沙中土	戊午己未天上火
庚申辛酉石榴木	壬戌癸亥大海水		

十三　干支動靜

干支並論。則干爲陽。支爲陰。陽主動。故天下透出而動。在八字中。爲力甚大。陰主靜。故地支隱藏於八字之下。而力小。若以地支單論。則子寅辰午申戌六陽支。性動勢强而發速。丑卯己未酉亥六陰支。性靜氣專而發遲矣。

十四 天干生旺死絕

天干之生旺死絕。茲先列表以明之。而後加以解釋。表式如下。

	長生	沐浴	冠帶	臨官	帝旺	衰	病	死	墓	絕	胎	養	
(甲)	亥	子	丑	寅	卯	辰	巳	午	未	申	酉	戌	
(乙)	午	巳	辰	卯	寅	丑	子	亥	戌	酉	申	未	
(丙)	寅	卯	辰	巳	午	未	申	酉	戌	亥	子	丑	
(丁)	酉	申	未	午	巳	辰	卯	寅	丑	子	亥	戌	
(戊)	寅	卯	辰	巳	午	未	申	酉	戌	亥	子	丑	或云同壬
(己)	酉	申	未	午	巳	辰	卯	寅	丑	子	亥	戌	
(庚)	巳	午	未	申	酉	戌	亥	子	丑	寅	卯	辰	
(辛)	子	亥	戌	酉	申	未	午	巳	辰	卯	寅	丑	
(壬)	申	酉	戌	亥	子	丑	寅	卯	辰	巳	午	未	
(癸)	卯	寅	丑	子	亥	戌	酉	申	未	午	巳	辰	

五行長生之理。與萬物同。如甲木長生在亥。沐浴在子。冠帶在丑等等是也。惟土散於四維。

各旺四季。有謂其長生于寅。亦有謂長生于申者。是以土無正位。生物多方。又何疑矣。長生之法。宋人分陰陽爲二。陽順陰逆。所以有陽生陰死。陰生陽死之說也。長生沐浴等名詞。爲假借形容之詞。長生猶人之初生也。沐浴猶人既生之後。沐浴以去垢。如果核已萌。則苗端之青殼已離也。冠帶猶人年長而冠帶也。臨官猶人既長而壯。可以出仕宰民也。帝旺猶人壯盛之極。可以出輔帝王。而大有爲也。衰盛極而衰。物之初變也。病衰之甚也。死則氣盡而無餘也。墓者造化收藏。猶物之埋于土也。絕者前氣已絕。而後氣將續也。胎者後之氣續而結聚成胎也。養者如人養胎于母腹也。自是而復長生。循環無窮矣。故寅申巳亥爲五行長生之位。子午卯酉爲五行之敗地。辰戌丑未爲五行之四庫。即辰爲水庫。戌爲火庫。丑爲金庫。未爲木庫。而辰戌丑未又均兼爲土庫。又爲四季。故辰有木之餘氣。未有火之餘氣。戌有金之餘氣。丑有水之餘氣也。

十五　地支人元用事

古歌云。子中癸水在其中。丑癸辛金己土同。寅宮甲木兼丙戊。卯宮乙木獨相逢。辰藏乙戊三分癸。巳中庚金丙戊叢。午中丁火並己土。未宮乙己丁共宗。申位庚金壬水戊。酉宮辛字獨豐隆。戌中辛金及丁戊。亥藏壬甲是眞踪。此支中所藏者爲人元。就其主要者言也。再攷玉井篇。則以甲丙庚壬各三十五日。乙丁辛癸各三十五日。戊己各五十日。共計三百六十日。列表如下。

寅月	巳七日丙五日甲十八日	卯月	乙十八日甲九日癸三日
辰月	戊十八日乙九日癸三日	巳月	丙十八日戊七日庚五日
午月	丁十八日丙九日乙三日	未月	巳十八日乙五日丁七日
申月	庚十七日巳七日戊三日壬三日	酉月	辛二十日庚七日丁三日
戌月	戊十八日辛七日丁五日	亥月	壬十八日甲五日戊七日
子月	癸十八日壬五日辛三日	丑月	己十八日癸七日辛五日

右表所稱爲月。係以節氣爲準。如立春爲節。雨水爲氣。合爲寅月是也。時行物生。天道之常。譬如寅月。立春後己土用事七日。丙五日。甲十八日。共足三十日。而古歌云。寅藏甲木兼丙戊者何也。蓋月令中五行生死進退之玄機。本不以幾日爲度。寅月甲木爲主。其餘爲客。乃主有納客之數。客無勝主之理。但主氣之司權。自有初中末三氣之淺深。用之者特宜較量重輕言耳。豈可以三五七日爲限哉。又支中所藏。止以月論。年日時不論。人命重提綱故耳。

十六　干支相關變化

甲屬陽爲木。寅亦屬陽爲木。故甲與寅同宮。同理可知乙與卯辰同宮。丙與巳同宮。丁與午未同宮。戊與丙丁與己。其寄宮相同。庚與申同宮。辛與酉戌同宮。壬與亥同宮。癸與子丑同宮。故寅亥合而甲壬亦合也。己申合而丙庚亦合也。卯酉沖而乙辛亦沖也。子午沖而丁癸亦沖也。如壬寅戊子丙申辛巳丁亥戊申六日。爲干支自合。男命值之貴。女命值之多主淫賤。是即珞琭子所謂無合有合。後學難知者也。又如甲申庚寅辛卯己丑四日。爲干支自沖。無論男女命値之。皆不利其配偶也。八字支中本有午戌。而缺一寅。天干見甲。即爲三會。則此甲字化木爲火矣。餘可例推。至若柱中木盛。或火土等勢盛。則二丁三丁合一壬。或二壬三壬合一丁。亦可化木。爭合妬合之說。又非所論於此矣。火土等等。亦可例推也。

十七　五行相生相尅

金生水。水生木。木生火。火生土。土生金。是爲五行相生。金尅木。木尅土。土尅水。水尅火。火尅金。是爲五行相尅。

十八　五行生尅變化

金賴土生。土多金埋。金能生水。水多金沉。金能尅木。木堅金缺。金衰遇火。必見銷鎔。金強得水。方剉其鋒。

土賴火生。火多土焦。土能生金。金多土變。土能尅水。水多土流。土衰遇木。必遭傾陷。土強得金。方制其害。

木賴水生。水多木漂。木能生火。火多木焚。木能尅土。土重木折。木弱逢金。必爲砍折。木強得火。方化其頑。

火賴木生。木多火熾。火能生土。土多火晦。火能尅金。金多火熄。火弱逢水。必爲熄滅。火強得土。方止其焰。

水賴金生。金多水濁。水能生木。木盛水縮。水能尅火。火炎水熱。水弱逢土。必爲淤塞。水强得水。方泄其勢。

十九　五行生尅名稱

尅我者爲正官偏官。生我者爲正印偏印。我尅者爲正財偏財。我生者爲傷官食神。比肩者爲刼財敗財。生尅之法。係認定一干爲我身。又謂之主干。而與其他干或支相比較。一陰一陽爲正。二者俱陽或陰爲偏。假定主干爲陽。如甲木見甲木爲比肩。見乙陰木爲刼財。見戊爲偏財。見己爲正財。見丙爲食神。見丁爲傷官見庚爲偏官。又爲七煞。見辛爲正官。見壬爲偏印。見癸爲正印。餘均仿此。茲列表於後。

五陽干日主	
甲丙戊庚壬	日主橫看
甲丙戊庚壬	爲比肩兄弟之類
乙丁己辛癸	爲刼財羊刃主尅父及妻
丙戊庚壬甲	爲食神天廚壽星又爲男
丁己辛癸乙	爲傷官盜氣尅息剝官
戊庚壬甲丙	爲偏財偏妻又爲父爲妾
己辛癸乙丁	爲正財正妻主尅母

五陰干日主	
乙丁己辛癸	日主橫看
乙丁己辛癸	爲比肩兄弟
丙戊庚壬甲	爲傷官小人
丁己辛癸乙	爲食神天廚壽星
戊庚壬甲丙	爲正財正妻尅母
己辛癸乙丁	爲偏財偏妻
庚壬甲丙戊	爲正官祿馬

庚壬甲丙戊　爲偏官七煞將軍權
辛癸乙丁巳　爲正官榮身畢也
壬甲丙戊庚　爲倒食梟神主尅子息
癸乙丁巳辛　爲印綬庇蔭

辛癸乙丁巳　爲偏官七煞
壬甲丙戊庚　爲印綬正人
癸乙丁巳辛　梟神偏印倒食主尅子息
甲丙戊庚壬　爲敗財逐馬

二十　八字解說

大撓作甲子以記歲時。由甲子年甲子月甲子日甲子時起。至於現時。已四千六百餘年矣。吾人生於何年何月何日何時。則有年之干支。月之干支。日之干支。時之干支。爲之記載。而此年月日時之各干支字數。計共有八。故曰八字。命學中有八字、有歲運、有格局等名詞。八字者。符號所成之公式也。歲運者。八字所經之歷程也。格局者。八字所示之定例也。應用公式。考察歷程。參合定例。以律人事。而吉凶禍福可知矣。

二十一　二十四節氣

寅月立春雨水節。卯月驚蟄及春分。辰月清明並穀雨。巳月立夏小滿方。午月芒種及夏至。未月小暑大暑當。申月立秋還處暑。酉月白露秋分忙。戌月寒露及霜降。亥月立冬小雪張。子月大雪與冬至。丑月小寒大寒昌。以上共二十四節氣。合爲一年是也。

二十二　推年法

談命所謂之年。係以寅月爲歲首。寅月以立春節作初。故在本年正月立春節前生者。則以上一年之干支爲主。在本年十二月立春節後生者。則以下一年干支爲主。例如某甲生于丙申年正月初八申時。查曆書載明是年正月初八日未時立春。是未時在申時之前。猶未立春。當作乙丑年推命矣。又如丙申年十二月二十三日午時生人。本月二十二日申時交立春節。當作下一年丁卯推命。餘仿此。

二十三　推月法

推月之法。由人生年遁人之干支爲主。以節氣爲綱。其區別有三。如在本月節氣後生者。即以本月所遁之干支爲主。在本月節前生者。即以上月所遁干支爲主。在本月下一節生者。即以下月所遁干支爲主。

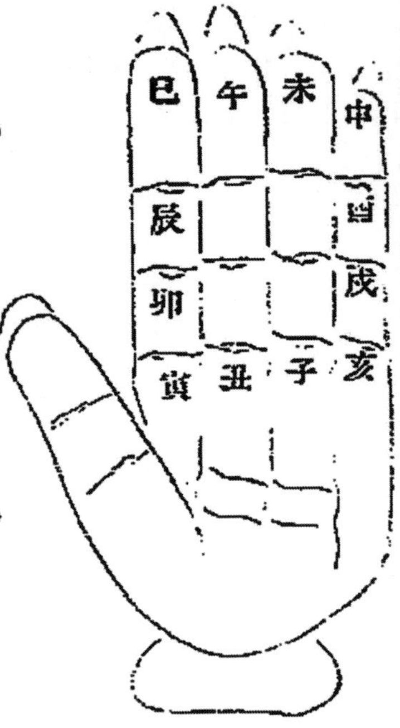

遁月法　古歌云。甲己之年丙作首。乙庚之歲戊爲頭。丙辛之歲尋庚上。丁壬壬位順流行。更有戊癸何方發。甲寅之上好追求云云。如甲年或己年生人。從手上寅字起丙。即丙寅月。卯月即丁卯月。順推至所生之月止。因寅月即舊曆正月。卯月即舊曆二月也。例如某甲生于丙申年十月十八日申時。曆書載明是月初三日卯時立冬。是十八日已交十月節。當作十月看命。因丙辛之歲起庚寅。順數至十月爲己亥。即所求之月也。餘倣此。

二十四　推日法

日之起點。是由今日夜間十二時以後。到明日夜間十二時以前。名為一日。但夜間十二時為子初三刻十五分。故夜十一時後十二時前。謂之夜子。即今日之晚也。如在夜十二時後一時前。謂之早子。即明日之早也。推日之干支法。可由曆書查出。例如某甲生于丙申年十月十八日申時。查本年曆書載十月初一日為壬戌。十一日為壬申。二十一日為壬午。由十一日壬申順數至十八日為己亥。即所求日之干支也。

二十五　推時法

遁時法。古歌云甲己還加甲。乙庚丙作初。丙辛從戊起。丁壬庚子居。戊癸何方發。壬子是眞途。云云。例如某甲生于己亥日申時。因甲己還加甲。故從手上子字起甲。順推至申得壬申時是也。餘倣此。

二十六　推胎元法

推胎元者。即求受胎之月之干支是也。應以實際受胎月數為眞。不必一定十個月也。通常按十月推胎元法。以生月干前一位支前三位即是。例如己亥月生人。則胎元為庚寅是也。

二十七　推大運法

談命以八字為體。大運為用。推大運法。先分陰陽男女。陽年生男。謂之陽男。陰年生男。謂之陰男。如甲年生男爲陽男。生女爲陽女。乙年生男爲陰男。生女爲陰女。是也。推大運時。先從所生之日起。陽男陰女順行。數至未來節。陰男陽女逆行。數至已過去節。皆遇節即止。中氣不論。視其日數時數之多少。三日爲一歲。一時爲十日。有餘爲零。不足爲借。行運無論男女。均從月上起。陽男陰女。均依次順行。陰男陽女均依次逆行。五年一分。十年一換也。求行運歲數之公式如下。

10(12×日數+時數)÷30=月數　　月數÷12=年數

例如丙申年十月十八日申時生男。查曆書本年十一月初二亥正一刻八分交大雪節。因丙年生男爲陽男。故從十月十八日申時順數至十一月初二日亥時。共得十四日零三時。用公式計之。得(10[12×14+3]÷30=57)五十七月。合四年零九月。簡言之則爲五歲上運。欠三月。由前推年推月推日推時諸法。知此人之四柱。爲丙申年。己亥月。己卯日。壬申時。從己亥月順行。五歲上庚子運。十五歲上辛丑運。依次順行。如式一所示是也。通常起大運之位數。以八步爲止。因人之壽數多在六七八十之間也。如人壽多於八十。則大運亦可增多也。假如此人爲女命。謂之陽女。八字同上。運須逆行。查曆書十月初三日卯時交立冬節。由十月十八日申時。逆行數至初三日卯時。得十五日零五時。由前公式計算。合

式一

四柱	大運	大運
丙申	五歲庚子	四五甲辰
己亥	十五辛丑	五五乙巳
己卯	二五壬寅	六五己午
壬申	三五癸卯	七五丁未

式二

四柱	大運	大運
丙申	五歲戊戌	四五甲午
己亥	十五丁酉	五五癸巳
己卯	二五丙申	六五壬辰
壬申	三五乙未	七五辛卯

五歲零五十日上運。簡稱曰五歲上運。從生月己亥逆行。五歲上戊戌運。十五歲上丁酉運。依次逆行。如式二所示是也。上大運之歲數。須以實足爲是。例如上述丙申男命須于辛丑七月十八日申時始實交庚子大運也。

二十八　推流年法

流年主一歲之吉凶。亦關重要。推流年之法。即以本流年之干支。及流月之干支。與八字及大運參合。而論其變化喜忌是也。流年之干支。可從曆書查出。流月之干支可用推月法從本流年之干遁之即得。

二十九　八字生尅格式

凡推十干生尅。以日干爲我。與年月日時各干及各支中所藏之干相比較。觀其生尅。例如

	年	月	日	時
十神	正印	比肩		正財
八字	丙申	己亥	己卯	壬申
支藏	庚傷官 壬正財 戊劫財	壬正財 甲正官	乙七殺	庚傷官 壬正財 戊劫財

某甲八字爲丙申年。己亥月。己卯日。壬申時。以日干己爲我。己屬陰土。先論天下。年干見丙陽火。爲生我者。故曰正印。月干見己陰土。爲比我者。故曰比肩。時干見壬陽水。爲我尅者。故曰正財。次論四支。年支見申。古歌云。申位庚金壬水戊。是申中藏有庚金壬水戊土也。以庚金爲主。庚陽金爲我生者。故曰傷官。壬陽水爲我尅者。故曰正財。戊陽土爲比我者。故曰劫財。月支見亥。古歌云。亥藏壬甲是眞踪。是亥中藏有壬水甲木也。以壬水爲主。壬爲正財。已知之矣。甲陽木爲尅我者。故曰正官。日支見卯。古歌云。

卯中乙木獨相逢。是卯中藏有乙木也。乙陰木為尅我者。故曰七煞。時支見申。與年支同生尅來。如上式所示是也。至大運之干支。與流年之干支。其與日主生尅之法。亦同此推。但日主對於地支之生尅法。有專注重支中所藏之主干者。例如申中雖藏庚壬戊三干。然以庚金為主。故有於申字之下。僅表出庚金為己土之傷官。而不書壬之正財。戊之刦財者。蓋取其主要者言也。而壬與戊亦未全棄而不論也。

三十　神煞之應用

神煞對於八字。亦有禍福之權。前人所著命書。羅列神煞甚多。驗者甚少。茲特選其重要者錄之。以作論命之助。要以在乎人之善于活用也。

三十一　天乙貴人

古歌云。甲戊庚牛羊。乙己鼠猴鄉。丙丁猪雞位。壬癸兎蛇藏。六辛逢虎馬。此是貴人方。例如八字。年干或日干為甲或戊或庚。地支見丑或未者。即為貴人。歲運遇之亦吉。貴人能解命中凶煞。主人聰明。若貴人戴財官印主貴。落空亡主為九流僧道。

三十二　三奇貴人

古歌云。天上三奇甲戊庚。地下三奇乙丙丁。人間三奇壬癸辛。命限逢此多奇遇。刑害空亡困一生。凡三奇須年上見之。否則不利家庭。且須三干相聯。順者為貴。逆者福慢。亂者不壽。

三十三　驛馬

古歌云。申子辰馬在寅。寅午戌馬在申。巳酉丑馬在亥。亥卯未馬在巳。例如八字中年支或日支爲申或子或辰字者。均以寅字爲驛馬。凡年日支爲申子辰。其干上爲壬癸。年日支爲寅午戌。其干上爲丙丁。年日支爲巳酉丑。其干上爲庚辛。年日支爲亥卯未。其干上爲甲乙者。均以眞驛馬論。否則力輕矣。貴人馬多升擢。常人馬多奔波。女人馬多風流。十二歲以前之小孩。五十以上之老人。均不宜遇馬。否則主疾病。

三十四　咸池

寅午戌年或日生人。以卯爲咸池。申子辰年日。以酉爲咸池。亥卯未年月。以子爲咸池。巳酉丑年日以午爲咸池。凡寅午戌年日。其干上爲丙丁。申子辰年日。其干上爲壬癸。亥卯未年日。其干上爲甲乙。巳酉丑年日。其干上爲庚辛者。爲眞咸池。男人逢之多懷慨。女人逢之多風流。古歌云。咸池更會日官。因妻致富。桃花若臨帝座。因色身亡。須細詳之。

三十五　空亡

古歌云。甲子旬中無戌亥。甲戌旬中無申酉。甲申旬中無午未。甲午旬中無辰巳。甲辰旬中無寅卯。甲寅旬中無子丑。其法如四柱中年之干支。或日干支。在甲子旬中。而見戌字或亥字者。謂之空亡。因地支十二。天干僅十。空其二位故也。餘均仿此。年日互換空亡。以不祥論。日時互換。日緊時慢。吉神忌空。凶神喜空。若有冲或合或刑。則不空矣。

三十六　文昌

古歌云。甲乙巳午報君知。丙戊申宮丁巳雞。庚猪辛虎壬逢虎。癸人見兎入雲梯。如甲日見巳。乙日見午是也。經云。文昌入命。聰明過人。又主逢凶化吉。

三十七　將星

寅午戌見午。巳酉丑見酉。申子辰見子。亥卯未見卯。如寅午戌日而年月時見午者即是。古歌云將星文武兩相宜。祿重權高足可知。

三十八　天干化合之變態

八字中天干四字之位置。亦有關係。如甲巳本合也。若甲與巳之間。隔以庚。則甲阻于庚尅。而不敢合巳。若隔以乙。則巳畏乙尅。而不敢合甲矣。又或甲在時。而巳在年。相距太遠。其相合之力。亦僅十之二三而已。至若兩甲一巳。或兩巳一甲。本爲爭合妒合。設兩甲合一己。兩甲之間。而有字以隔之。如年己月甲時又甲。時與月之間隔以日干。則月甲能合年己。而時干之甲不爭不妒矣。若日爲己。而月時之干均爲甲。則又以爭妒論。此化合之變態也。

三十九　地支刑冲之變態

地支刑冲之象。苟見于八字之四支中。而或有會合之關係。亦可變態。如卯年酉月。本相冲也。日支逢戌。則戌可合卯。而卯酉相冲之力小矣。日支逢巳。則巳與酉會。而卯酉相冲之力亦小矣。日支逢子。則子刑卯。而卯酉相冲之力亦小矣。又或年卯月子而日卯。二卯本不刑一子。若時支逢戌。則戌合一卯。而子刑一卯矣。時支逢亥。則亥會一卯。而子刑一卯矣。又或年卯月酉而日戌。戌合卯。而卯酉不沖。若時支逢午。則午戌會。而卯酉沖矣。此皆地支刑沖之變態也。

四十　八字入手看法要訣

四柱排定。三才次分。察天干有無化合。視地支是否刑沖。論五行之生剋。辯神煞之吉凶。千頭萬緒。似覺復雜。初學讀此。更易迷亂。苟不將其重心點明文說出。秘要訣一語道破。則學者必將費多少腦力。以從事于思索。用多少時間以檢讀命書矣。即或得其要訣一二。亦恐難以完全。否則淵海忙忙。未有不悞于迷途。而不知彼岸之何處也。故八字之入手看法。誠爲獨一無二之重要問題。換言之。即命學之能否了解。命術之是否成功。亦全視此八字之入手看法是否明悉也。茲特用顯淺之文字。詳細說明八字之入手看法。分條別類。一一解釋。以便一目即能了然也。子平書云。凡觀男命。先觀日主之盛衰。次察財官之强弱。又云。凡觀女命要身弱。正氣官要得祿。有財無煞混官星。定配賢良富貴族。無官便要看財星。財旺生官富貴眞云云。由是可知子平論命之要訣。不論其對於男命。對於女命。對於貴命。對於賤命。其入手看法。均先論强弱。次論財官。爲獨一無二之法門也。茲先就强弱論之。

四十一　五行用事

書云。甲乙寅卯木旺于春。故春木旺。火相。水休。金囚。土死。丙丁巳午火旺於夏故夏火旺。土相。木休。水囚。金死。庚辛申酉金旺於秋。故秋金旺。水相。土休。火囚。木死。壬癸亥子水旺於冬。

故冬水旺。木相。金休。土囚。火死。戊己辰戌丑未旺於四季。故四季土旺。金相。火休。木囚。水死。三命通會云。盛命乘時曰旺。如春木旺旺則生火。火乃木之子。子承父業。故火相。木用水生。生我者父母。今子嗣得時。登高明顯赫之地。而生我者當知退矣。故水休。休者美之至極。休休然無事之義。火能尅金。金乃木之鬼。被火尅制。不能施設。故金囚。火能生土。土爲木之財。財爲隱藏之物。草木發生。土氣散漫。所以春木尅土則死。蓋四時之序。節滿即謝。五行之性。功成必覆。故陽極而降。陰極而升。天之常道也。

四十二 五行強弱

書云。得時便作旺論。失時便作衰看。所謂時者。即當生之月令也。此說固有至理。然亦須活爲參看。如甲乙雖旺於春。而此時休囚之戊己。何嘗不生。萬物特時當退避。不能與甲乙爭先耳。蓋五行之氣。流行於四時。雖十干各有事令。亦有並存者在也。人之八字。固以月支爲重。而年月日時之干或支各字。亦有左右之權。其力未可輕視也。故五行不論月令休囚。只要四柱有根。便有作用。長生祿刃。根之重者也。墓庫餘氣。根之輕者也。得一比肩。不如得支中一墓庫。如甲逢未。丙逢戌之類。乙逢戌。丁逢丑。不作此論。以戌中無藏木。丑中無藏火也。得二比肩。如不得一餘氣。如乙逢辰。丁逢未之類。得三比肩。不如得一長生祿刃。如甲逢亥寅卯之類。陰長生不作此論。然乙逢午。丁逢酉之類。亦爲有根。蓋得一餘氣。如朋友之相扶。通根如室家之可住。干多不如根重。理固然也。故五行之氣。有得時不旺。失時不弱者。亦有變旺爲弱。變弱爲旺者。變化多方。不可執一也。

四十三　五行强弱之比較

五行之中。惟土在四時。皆不失其用。若以土旺四季。與春木夏火秋金冬水同論。非知五行之眞者也。至木火金水之强弱。皆可用公式比較之。如云甲入未。蓋即言甲得一比肩。不如得支中一墓庫也。換言之。即甲比肩之力小於未之力。甲較未爲弱。未較甲爲强也。茲爲簡便起見。列成各式如下。

甲入未　丙入戌　三甲入亥 或寅 或卯　三丙入寅 或巳 或午

庚入丑　壬入辰　三庚入巳 或申 或酉　三壬入申 或亥 或子

乙入午　丁入酉　二乙入辰　二丁入未

辛入子　癸入卯　二辛入戌　二癸入丑

四十四　日干强弱之分別

子平之法。以日干爲主。以財官爲用。日主强。財官旺。則財官爲福。日主弱。財官旺。則財官爲禍。故日主之强弱。爲談命入手之初步。日干得令得地得生得助。皆足以使之强也。日干受尅。洩氣。耗神。皆足以使之弱也。日干旺於月支。謂之得令也。日干於年日時各支中得長生祿刃。或逢墓庫。（陽干逢庫有根。陰干則否。）謂之得地也。日干逢印綬。謂之得生也。日干逢比刧。謂之得助也。官煞太重。日下受尅也。傷食太多。日干洩氣也。財星太旺。日干耗神也。

日干之或强或弱。當先細究八字中干與干及支之相互各關係。而比較之。分別之。即大運流年。亦能左右日干。爲行運之吉凶要關也。

四十五　日干之强

丁丑　　丁丑　　日干得令。得地。得生。得助。便謂之强。如一女命。巳土建祿于午月。而丑
丙午　式　辛亥　式　戌之土。又復幫比。丙丁印綬兩透天干。生助過强。如式三所示是也。又
己亥　三　壬子　四　一乞丐命。壬生亥提。子丑寅成北方一氣。時干又有癸水。月上復有辛
甲戌　　癸卯　　金印綬以助之。水冷金寒。萬物不生。亦日干甚强之造耳。如式四所示
是也。故查日干之强否。由此可以類推矣。

四十六　日干之弱

丁酉　　辛酉　　弱者强之對也。故日干失令。失地。失生。失助。便謂之弱。若又受尅泄氣。
壬寅　式　庚子　式　耗神弱更甚矣。如一命庚生寅月絕地。干透丙煞。及丁壬化木之財以
庚寅　五　戊子　六　生煞。成爲煞重身輕之命。如式五所示是也。又一女命。戊生子月。干金
丙子　　癸亥　　水。而支亦金水。財多身弱。如式六所示是也。

四十七　日干得時不旺

甲申　式　　日干雖有得時令。然不以旺論者。因月令之氣有深淺故也。如某僧命。己生未月。
辛未　　天干己與甲合。不特正五行屬土。即化氣亦屬土。惟此命生于小暑後一日。正赤

己未七　帝司權土神尚未十分用事。精神仍不足也。再逢申支藏庚。暗地化金。以洩土氣。
甲子　故日干雖得時。而不以旺論。如式七所示是也。

四十八　日干失時不弱

丙子式　日干所生之時不值旺相之月。謂之失令。然有不以弱論者。以其雖失令而仍爲
乙未　有氣也。如林長民總長之命。癸水生於未月。夏令之水。似不宜洩氣。然亥運三合
癸卯八　木局。即一躍而爲總長。蓋三伏生寒。水神進氣。夏至以後之水。固失時不弱者也。
己未　如式八所示是也。

四十九　日干變旺爲弱

乙巳　乙亥　日干得令。固爲旺也。然或受尅太重。洩氣太甚。耗神太多。譬諸體質强
丁亥式　癸未式　健之人。琢喪太過。亦變旺爲弱矣。如一命壬水生於亥月。本爲旺時。但
壬午九　己亥十　四柱土重重。年上已沖亥祿。變旺爲弱。如式九所示是也。又會雲沛命。
庚戌　辛未　己土生於未月。極爲土旺。然四柱水木太多。辛金透天。日干受尅。洩氣。
耗神。故變旺爲弱。如式十所示是也。

五十　日干變弱爲旺

甲辰　壬午　日干失令。固爲弱也。然或日干得生。得助。得地。便可變弱爲强。譬諸文
丙子式　戊申式　弱之人。善自攝生。反可獲福。如一命己土生于子月。失時也。年時重重

己未一七　己酉二七
戊辰　　　戊辰

見土比助。天干透印相生。變弱爲强。如式十一所示是也。又王正廷總長命。己土生于申月敗地。年支午地得祿。又得二戊一辰之帮助。故能變弱爲旺。如式十二所示是也。

五十一　大運與日干强弱之關係

日干既失令。失地。失生。失助。又復受尅。耗神。當以極弱論矣。然大運流年。苟能生助日干。亦能富貴。如劉異之命。癸水生於辰月。本非旺地。干透丙丁。支有巳未。可謂財多身弱矣。然行數十年金水生助大運。故得官農部。如式十三所示是也。此外亦有日干本不甚旺。而行尅泄歲運。則能使日干變爲甚弱。而生凶禍者。爲例不少也。故大運爲八字所經之歷程。有能左右日干强弱之力。故有八字本不佳。因行好運而致吉祥者。亦有八字本美。因行不好運而致終身平平者。看命時宜注意也。

式十三

癸未
丙辰
癸巳
丁巳

乙卯　甲寅　癸丑　壬子　辛亥　庚戌　己酉　戊申

五十二　推斷要訣

論命入手之法。先論五行之强弱。前已詳言之矣。五行之强弱既分。而八字之或主富。或主貴。或主貧。或主賤。或主吉而壽。或主凶而夭。六親之刑尅如何。運限之向背如何。種種切切。均須一一分別之。推斷之。是則推斷之法。誠有重而且要之關係也。前人論命。有以取用神以定八字之窮通者。有以取格局以定終身之貴賤者。有以論病藥以決一生之吉凶者。何謂用神。即在八字中。其中。一字最為有用。如八字之格局不完。此字能完成之。八字中之財官有傷。此字能調理之。是此字為有用之神。故曰用神也。何謂格局。即在八字中。其各字之相關作用。能成一種格式。或各字布列之位置。能成一種局式。此種八字。均謂之有格局。故格局云者。即前人對于八字所發明之定例。而以之定貴賤也。何謂病藥。即在八字中五行之氣有過強過弱之病。而以能治此過強過弱之病。使之中和者。即謂藥也。或八字中用神傷受。亦謂之病。而能去此用神之傷者。即謂之藥也。此論用神。論格局。論病藥。各家學說之大意也。學說既多。採用自難。每一八字到手。不知是否取用神推斷為妙。或者取格局推斷為高。抑或論病藥推斷為準。徬徨歧路。莫知所從。因此有謂命理精微。非片言可盡者。有謂命理廣奧。須領會傍通以求之者。故論命之驗不驗。不敢多有把握。而反對命運說之人。更有所藉口。而斥之為迷信矣。夫八字之變化雖多。學說雖不一致。苟不先求得其一定之原則。共同之軌跡。則未有不誤于迷途者。此種一定之原則。共同之軌跡。即推斷之要訣也。得此要訣。則一切問題。可迎刃而解矣。蓋子平之法。惟論八字中。財。官。之有無。及財。官。對于日干之強弱。所謂用神。所謂病藥。均包含于財。官。說之內。蓋日主強。能用財。官。則財。官。即用神也。日主強。財。官。弱。須傷。食。以生財。印。綬。以護官。則傷。食。印。綬。亦用神也。日主弱。財。官。旺。須比劫。以帮身。則比。劫。即用神也。次言病藥。日主強。財。官。弱。則財。官。弱。為病。能生扶財。官。者。即藥也。日主弱。財。官。強。則日主弱為病。能生扶日主者。即藥也。由是可知言用神。言病藥。亦均以財官爲主體。特變化其說以言之也。至言格局。子平書云。有官莫尋格局。有格局喜官星由是可知格局云者。必八字中無財官可取。始取格局。而所取之格局。以能合出財官。或冲出財官拱出財官等爲貴。是雖言格局。而仍以財官而歸。故以財官說以推斷八字之貴賤窮通。實爲一定之原則。共同之軌跡也。得此一定之原則共同之軌跡。則無論學說如何紛紜。八字如何複雜。均能臨事不亂。胸有成竹。大可坐談人命之窮通道運限之長短矣。惟是財官雖爲主體。而對于財官變化之推斷。亦須詳爲研究。方能運用自知也。

五十三　論正官

子平書云。以日爲主。專論財官。蓋官乃扶身之本。財爲養命之原。故八字中之正官。實爲子平家所專重。看官星之法。八字中一位官星爲妙。多見不佳。忌刑冲破害。喜財星扶主旺官弱。須行官運。官旺主弱。須行生身助身之運。柱中官星遇傷官。宜有印以去傷護官。或有財調和亦可。因傷官生財。財又生官也。又不可官煞混雜。須能留官合煞爲貴。如式十四所示。壬用己官透干。兩辛印綬並透。支會木局傷官。辛印解之。宜參政命也。式十五所示。酉官庚煞。似覺混雜。乙能合庚去煞。而官星清矣。李參政命也。凡此之類。在人活取活用也。

式十四	式十五
己卯	庚寅
辛未	乙酉
壬寅	甲子
辛亥	戊辰

五十四　論偏官

偏官無制曰七煞。有制曰官。官則慈善美德。故爲可貴。煞則凶暴無忌。最宜有制。八字中若七煞有制。仍以官論。多出大貴巨富之人。如式十六所示。酉煞月令。透丁食以制之。日主亦强。大貴之格也。又制煞太過。亦不爲佳。須有物以調和之。如式十七所示。壬煞戊食。食旺煞弱。制伏太過。喜有甲印中隔以損太過。故格成大貴也。偏官最忌與正官混雜。須有去官留煞。或去煞留官之物爲吉。有煞尤宜身旺。蓋身旺則殺人。身弱則殺己也。式十八所示。丙官丁煞。子午冲而去煞留官。沈郎中命也。有煞無食制。而有刃當。亦成貴格。多出武職。至若煞太旺。身太弱。則可作棄命從煞。宜行助煞運論矣。

式十六
乙亥　乙酉　乙卯　丁丑

式十七
壬辰　甲辰　丙戌　戊戌

式十八
丙子　甲午　辛亥　辛卯

五十五　論財星

正財。偏財。均能生官。同爲美格。子平書云。財旺官柔。不可以官柔而言不貴。官旺財絕。縱貴也不顯榮。讀此可知財星較官星尤爲重要矣。財多身弱。則不能任財。喜比刼以助身。身旺財弱。喜傷食以生財。亦可致富。身旺財旺。而柱中又有官星。則財能生官。富且貴矣。財露則宜見官。偏財尤甚。蓋用官以防刼。否則禍也。式十九所示。財露官露。財去生官。雖露無妨。葛參政命也。財能尅印。故財印不宜相並。如式二十所示。乙與己兩不相能。即有好處。小富而已。式二十一所示。財煞並透。合煞存財。毛狀元命也。式二十二所

式十九
壬申　壬子　戊午　乙卯

式二〇
乙未　己卯　庚寅　辛巳

式二一
乙酉　庚辰　甲午　戊辰

式二二
乙丑　丁亥　己亥　乙亥

式二三
庚申　乙酉　丙申　己丑

示。財煞並透。黨煞爲忌。印化煞以解凍。又不露財以雜印。趙侍郎命也。至若四柱皆財。日主無氣則作棄命從財論。忌有印生身。若又有印煞。則無從財又兼從官煞之理。格不成矣。式二十三所示。王十萬命。棄命從財。運喜傷食財鄉。不宜身居旺地也。

五十六　論印綬

印綬能生身助強。又能制傷護官。不分偏正。均美格也。八字中印綬之是否可取。須先視印綬能否生扶日主。以使身強。能否制伏傷官。以護官星爲斷。惟偏印遇食。名曰梟神。命中帶梟主福薄夭壽。歲運遇梟。亦主災禍立至。式二十四所示。官印與傷並透。戊印能制壬傷。使壬不傷丙官。朱尚書命也。至若身強印旺。則爲太過。須用傷食以洩身爲秀。如式二五所示。李狀元命也。又若身弱遇煞。尤須有印。因煞能生印。印又生身。故煞不攻身。如式二六所示。孝狀元命也。有或身強印旺。須用財以抑太過。如式二七所示。汪侍郎命也。

壬辰	辛未	戊戌	丙戌
	四	二	式

乙亥	丙午	乙卯	戊戌
	五	二	式

庚申	癸未	癸酉	己巳
	六	二	式

辛亥	壬申	丙申	辛酉
	七	二	式

五十七　論傷官

子平論命。以財官爲主。傷官不利於官星。所以爲凶。但傷官能生財。財能生官。則以傷官者。轉而爲生官之具。變凶爲吉。亦可用也。命中傷官見官。最爲不利。若有財星根深。仍爲吉兆。故傷官之是否可用。須先視傷官是否能傷官星。

壬午　甲子
己酉 式　壬申 式

戊午二　己亥二
庚申八　辛未九

是否能生財以助官爲斷。但傷官雖非吉神。而文人學士。往往於傷官格內得之。因傷官能洩身爲秀。日主太旺。有時尤喜傷官以泄其氣。身弱則忌矣。式二八所示。戊土身强而財有根。傷官亦旺。用傷官以生財星。故爲貴格。史春芳命也。式二九所示。年官月財並露。時透辛傷。辛能生壬財。壬又生甲官。作財旺生官論。不曰傷官見官矣。

五十八　論食神

己未　戊戌
壬申三式　壬戌三式
戊子〇　戊子一
庚申　庚申

食神本屬泄氣。以其能制七煞。變爲偏官。能生正財。以助官星。故可貴也。式三〇所示。身强食旺。財亦透。食能生財。謝閣老命也。式三一所示。食煞並透而無財。食能直接制煞。胡會元命也。食神遇偏印。是謂食神遇梟。無制則主貧主夭矣。

五十九　論比刼

己酉　辛丑
丙子三式　庚寅三式
壬寅二　甲辰三
丙午　乙亥

比刼羊刃。能傷財星。本爲不美。因其能幫身。使身弱者變强。能受財官。而羊刃能合七煞。使煞不攻身。是比刼有時亦可用也。煞刃相逢。常人無有。英雄之命也。羊刃不怕多。只怕見財。則有爭奪之禍矣。羊刃尅妻。有刃多而反不尅妻者。是未見財也。羊刃在時爲重。歲運再過。是謂併臨。凶不可言。官煞能制刃。官煞露而根源更爲可貴。式三二所示。官透有力。旺財生之。丞相命也。式三三所示。寅祿乙刃。官煞競出。乙合煞存官。平章命也。財多身弱。喜比刦爲福。財輕身強遇比刦羊刃則禍矣。

六十　雜格要訣

子平書云。有官莫尋格局。有格局喜官星。故雜格云者。因八字中干頭無官。無煞。無財。方設法另取財官。或用沖合財官取格。或用夾拱財官取格。或用邀合財官取格。謂之雜也。雖論格局。仍以財官爲主也。其所以謂之雜者。因財官印食煞傷刦刃能成格者。亦可取格。謂之正格也。書云。人之命內。總不離夫財官。諸雜格中。總要虛邀祿馬。此之謂也。茲分述之。

六十一　飛天祿馬格

此格因八字中無財官可用。乃用地支沖合財官之字。以爲貴氣。取庚壬二日干。用子字多沖午中丁巳爲財官。要四柱中有寅字並未字或戌字能合午字爲妙。大忌塡實。歲運同論。式三四所示。三子沖午。寅合午。曾尚書命也。式三五所示。丙財透天。午字塡實。不能成格。乞貧命也。但此八字明有丙午爲財。即不取格。可以財論。何以乞貧耶。因丙午財不當令。刦刃太多故也。又有辛癸二日。用亥字沖巳中丙戊爲官星。要柱中有申酉或丑字以合巳字爲妙。亦忌塡實。式三六所示。二亥沖巳。申合巳。沖合巳中戊土爲癸之官。曹郎中命也。

式三四
壬子　壬子　壬子　壬寅

式三五
壬子　壬子　壬子　丙午

式三六
壬申　辛亥　癸亥　壬子

六十二　倒沖格

凡四柱中原無財官。方用此格。以丙日爲主。用午字沖子中癸水爲丙之官。忌未字合午。及官星塡實。歲運同論。式三七所示。趙知府命也。又以丁日爲主。用巳沖亥中壬水爲官。式三八所示。巧編修命也。

丙午　癸卯
庚寅　丁巳
丙午　丁巳
癸巳　乙巳
式三七　式三八

六十三　井欄斜叉格

此格亦因柱中元無財官。其取法與飛天格同。蓋以申子辰斜沖寅午戌火局。使無官而有官也。以庚子庚辰庚申三日爲主。天干若有三庚。地支申子辰全局。柱無一點火氣爲是。式三九所示。郭統制命也。

戊子
庚申
庚申
庚辰
式三九

六十四　壬騎龍背格

八字中元無財官。日干壬水坐辰或寅。以字多爲貴。用辰沖戌。用寅會戌。沖會戌中丁戊爲壬日之財官也。辰多者貴。寅多者富。式四〇所示。王樞密命也。

壬辰
甲辰
壬辰
壬寅
式四〇

六十五　子遙巳格

凡甲子日甲子時生人。柱無官星。用子中癸水遙動巳中丙火。丙又合出酉中辛金。作甲日之官星。忌柱中有金氣。並申丑等字合子。則不能遙矣。式四一所示。即爲此格。發丞相命也。

己巳
乙亥
甲子
甲子
式四一

六十六　丑遙巳格

凡辛丑癸丑二日生人。柱中元無官星。用丑字多。遙巳中丙戊爲辛癸二日之官星。柱中忌有子字絆丑。喜申酉合巳爲妙。式四二所示。鄭樞密命也。

癸丑
乙丑
辛丑
戊子
式四二

六十七　六陰朝陽格

凡六辛日戊子時生人。柱中元無官星。方用子遙巳中丙火爲官星。忌柱中有火氣。歲運亦同。式四三所示。知院命也。

戊辰
辛酉
辛酉
戊子
式四三

六十八　六乙鼠貴格

凡六乙日丙子時生人。柱中元無官星。方用此格。用子來遙巳。而巳與申合起庚金。為乙木之官星。忌柱中有金氣及午字沖子。卯字刑子。式四四所示。貢判院命也。

甲辰
戊辰
乙亥
丙子

式四四

六十九　合祿格

凡六戊日庚申時生人。柱中元無官星。乃用庚合出乙來。為戊之官。忌柱中有木氣破戊。丙字破庚。巳字刑申。歲運亦然。式四五所示。黃侍郎命也。又六癸日庚申時生人。柱元無官。乃用申時合巳中戊土為癸之官。忌戊字透。及巳字刑申。或丙傷庚。式四六所示。徐殿院命也。

己未
丙子
戊戌
庚申

式四五

癸酉
乙卯
癸酉
庚申

式四六

七十　六壬趨艮格

凡六壬日壬寅時生人。柱中元無官星。而寅字又多。乃用寅中甲木。暗邀巳土為壬之官。丙火暗合辛金。為壬之印。忌午合申沖。及財官塡實。喜身旺地。歲運亦同。式四七所示。大貴命也。

壬寅
壬寅
壬寅
壬寅

式四七

七十一　刑合格

凡六癸日甲寅時生。八字中元無官星。乃用寅字刑出巳中戊土爲癸之官。忌透土塡實。及金傷甲木。歲運亦同。式四八所示十二節度使命也。

乙未
癸卯
癸卯
甲寅
式四八

七十二　拱財格

此格用日支與時支共拱其財。如甲寅日甲子時。虛拱丑中己土爲財庫。他如乙卯日丁巳時。甲午日壬申時。癸酉日癸亥時。均是要虛拱忌塡實。及有牽絆害日主自旺。及旺財運。式四九所示。金丞相命也。

庚戌
戊子
癸酉
癸亥
式四九

七十三　雜格餘論

以上所論各雜格。均以財官爲主。特雜格之種類甚多。此外有以納音取格者。有以用句取格者。有以干支之形式取格者。有以支象取格者。有以神煞取格者。爲數雖多。皆出夫財官論範圍之外。本書不取也。取雜格之要訣。須八字中全無一點官煞及財星之氣。方爲完全清純。但或官煞藏于支內。而不得勢。或財星雖有而根不深。亦可取雜格論。特較完全清純。

者。須減分數言貴也。八字中變化本多。關係相連。推斷之際。務須拿定財官爲主腦。而多方比較。其強弱或變化論之也。

七十四　論女命要訣

子平論女命要訣。其八字看法。喜身弱。身淸。喜財官得令。喜食神得地。喜獨煞有制。傷官生財。忌官煞混雜無制。忌煞星太重身弱。忌傷官太重。尅夫官星。忌身旺無依。蓋女命以正官爲夫星。食神爲子息。按中國古說夫榮子貴。即爲女命中之上者。守身如玉。不淫不亂。即爲女命中之貞者。方可作賢妻良母也。故看女命之要訣。即注重女命之本身。是否賢良。夫子二星。是否榮貴。實爲獨一無二之法門也。女命貞淫之看法。其一。若日干太旺。柱中無官無財。其二。日干太弱。柱中又有三四位官煞。而無傷食以制伏。其三。日干雖得地。而夫星明暗交集。官煞混雜。其四。日干旺而官衰食盛。凡此之類。皆女命之淫或賤者也。或雖富貴而不貞。或爲娼爲奴矣。式五〇所示。乙以庚爲明夫。申酉爲暗夫。明暗交集。淫不可言。式五一所示。戊土旺。官絕食盛。娼妓命也。女命富貴之看法。其一。八字中純一官星。又有財星生官。或印綬護官。定主夫貴。其二命中食神得地。不逢梟奪。定主子榮。有三命中獨煞遇食制或正官遇傷。

庚戌　戊子　乙酉　甲申

〇五式

丁亥　庚戌　戊辰　庚申

一五式

而有財調和。亦主夫榮子貴。式五二所示。丙官旺於午月。癸水旺於金地。丙癸又不相礙。夫榮子貴之命也。式五三所示。乙以庚爲夫。得祿於

癸巳　戊午式

己未　壬申式

辛酉　二五　乙未　三五

丙申　二　　甲申　三

申中以丁為子。丁旺於未。坐下支神為財以生官。夫榮子貴命也。由是可知男女雖不同命。而女命之看法。亦以財官為主要。正與男命同論。蓋財能生官。有官則有夫。官旺則夫榮。夫榮而妻自貴。有夫則有子。子貴而母自榮也。此外貴眾合多桃花神煞之類。亦可參看。帶天月德者吉。有驛馬咸池者淫。官煞被合。或比肩當權。均主婢妾姊妹爭權。傷官見煞者富。無財者貧。傷官見官。無財。主剋夫再嫁。或身心勞役。患病。但傷官多主人聰明美貌秀氣。惟性傲氣高耳。至男女合婚之法。男命帶比肩劫財重者。必擇女命帶傷官食神重者配之。若女命帶傷官食神重者。必擇男命帶比肩劫財重者配之。此係合婚之正理。蓋男命劫刃主剋妻。女命傷食主剋夫。二者適相抵故也。

七十五　論小兒命要訣

推小兒之命。要日干有氣。月命生扶。年上栽根。印綬無傷。財官有制。七煞得化。傷官遇合。氣稟中和。不值刑冲破害。此則易養長壽之命。如煞重身輕。財多身弱。傷官疊遇。食神重逢。日干或旺甚無依。或太柔少印。氣失中和。柱有刑冲破害。此則難養促壽之命也。蓋小兒命大要身旺有印生。則易生災小。身弱則難養。若官煞或羊刃傷官太旺。主身多災。又小兒命中見甲主側生頂不正。有胎衣遮。丁偏生雙頂。乾生有依。隱有剋刑。辰復生背父。易生易養。申有聲。寅遲滯。未吉。辰有胎衣包。仰生有驚。論命時可參合言之。至小兒雙生者。陽月時兄勝。陰日時弟勝。淺則占先時之氣。深則占後時之氣。書云。凡小兒帶寅申巳亥四生多。主雙生。

又小兒未交大運以前。以流年論其行運交大運後。與看成人命同矣。是在論命者。善於活用變化言之。

七十六　論性情要訣

推人性情。須就五行言之。命中水旺相。則智高好色。土旺相。則篤信守仁。木旺相。則仁慈明敏。火旺相。則性速辨明。金旺相。則名高義重。旺相之中。以中和爲貴。或過盛過衰。則性情變易矣。再就五行之生尅變化言之。命有正財。主秀麗明敏。剛直篤厚。官煞混雜。主人好淫。作事小巧寒賤。偏官主人性剛少禮。喜酒色。好爭鬥。正財一位。性燥緊急。二位性氣減半。正財月令。勤儉慳吝。作事純粹。形容端莊。令人起敬。偏財主氣不和。好與作。喜交遊。慷慨自豪。愛人趨奉。好酒貪花。多意外巧逢。正印主多智。豐身自在。心慈。印兼煞。主胸中藏機。多異路之榮。正印兼食神。主言語吞吐。正印兼傷官。不以傲論。主作事有權。偏印主人作事有始無終。好爲非法。外像和氣。內實狠毒。食神主人好勝不凡。帶煞主作事精細。帶正印主性情燥暴。帶偏印主作事草率。有始無終。且不貧則夭也。傷官主人多藝多能。傲物氣高。性喜破壞。多招怨言。以私害公。傷官駕煞。主聰明。傷官見官。主凶橫。多觸法網。傷官兼印。主有膽識才略。其成功多出人意外。傷官兼偏煞。主作事始勤終惰。兼比刼。主反覆不定。播弄是非。比刼主量狹無度。性拗不馴。論性情時。須比較其輕重言之。

七十七　論六親要訣

六親者。父母兄弟妻子也。男命以正財為妻。偏財為妾。又為父。正印為母。偏印為庶母。官煞為女及子。至若六親之位置。則以年為祖業。月為父母兄弟門戶。日為妻妾己身。時為子息。須看四柱之中。父母兄弟妻子星居何地。論旺相休囚而言其吉凶也。分述於後。

七十八　論父母

財為父。印為母。命中財星得位旺相。不逢有力之刦刃。而日干亦強者。主享父之福。如財臨煞地。或死絕刑沖之地。或重重刦刃尅制。主尅父。或與父離異不和。如財居衰敗受制之處。墓絕之地。主父平常。不得父力也。命中印綬得位旺相。不逢有力之財星尅制。而日干本不甚旺。正需印綬之力者。主母賢慈。如印綬臨羊刃煞地。或值絕墓孤寡。主母不賢或殘病不睦。如印綬遇重重之財星尅制。主尅母或母嫁二夫。

七十九　論妻妾

正財為妻。偏財為妾。命中財星得位旺相。不逢刦刃。或刦刃與財兩不相礙。日主又值健旺者。主妻妾賢美。如命中財星不旺。刦刃勢強。又無救助。主尅妻妾。或主反目。或主妻不正。財臨衰敗墓絕。主妻有疾不賢。否則年高再嫁。財臨沐浴桃花。主妻妾好淫。日支坐財官。主妻多內助。更得妻財。偏財得位。妾勝於妻。正財自旺。妻不容妾。財多身弱。妻反勝夫。官煞重見。妻招幹蠱可畏。財官並美。為人怕妻。見煞尤忌。身旺內旺。夫妻和順。日坐空亡。雖為妻妾。日受七煞。家有惡婦。至論人命妻妾之多少。先看八字支中。若有子午卯酉等字之一個或二三個再看八字中正財與偏財之多少。一位正財。主有一妻。二位二妻。偏財一位。主有一妾。二位二妾。如財旺相則須加數言之。財衰弱則減數言之。此係難得之秘訣也。大運或流年與財作合者。主其年爲喜期。須細詳之。

八十　論兄弟

敗財比肩羊刃。皆兄弟也。要在提綱之神。與財神喜神較其輕重。財官弱三者顯其攘奪之迹。兄弟亦須財官旺三者出而助主之功。兄弟必美。身與財官兩平。三者伏而不凶。兄弟必貴。比肩重而傷官財煞亦旺者。兄弟必富。身旺而三者不顯。有印兄弟必多。身旺而三者又顯。無官兄弟必衰。

八十一　論子息

官煞爲子息。如命中喜神即是官星。其子賢俊。喜神與官星不相妬亦好。否則無子。或不肖。或有剋。然看官星又須活法。如官輕要助官。煞輕身輕。又須印比。無官只論財。若官星阻滯。要生扶冲發。官星洩氣太重。須食逢助。若煞重身輕而無子者多女。官子息星數目多少之歌云。長生四子中旬半。沐浴一雙保吉祥。冠帶臨官三子位。旺中五子自成行。衰中二子病中一。死中至老沒兒郎。除非養取他人子。入墓之時命夭亡。受氣爲絕一個子。胎中頭產有姑娘。養中三子只留一。男女宮中仔細詳。是也。然長生論法。用陽而不用陰。如甲乙日。只用庚金長生巳酉丑之局。而不用辛金逆數之子申辰。不問甲乙。總以庚爲男辛爲女。不拘官煞也。所以八字到手。要看子息。先看時支。如甲乙生日。其時果係庚金何宮。或生旺。或死絕。其多寡已有定數。然後以子星配之。如財格而時干透食官格而時干透財之類。皆謂時干有用。即使子逢死絕。亦主子貴。但不甚繁耳。若又逢生旺。則麟兒繞膝。不可量也。若時干不好。子透破局。即逢生旺。難爲子息。若又死絕。無所望矣。

八十二　玄通秘訣定六親法

一日有十二時。即子丑寅卯辰巳午未申酉戌亥是也。每時分八刻。即初初刻初一刻初二刻初三刻正初刻正一刻正二刻正三刻是也。一刻又分十五分。即一分順數至十五分是也。現時分一日爲二十四小時。每小時分四刻。每刻十五分。正相符合。茲用玄通秘訣。由生時之刻數。或每刻內之分數。以定六親。神奇可驗。惟此所用之時刻。均爲視時。須詳細定之。否則差一毫厘。謬一千里矣。此法係由秘本得來。世間少傳。茲特表而出之也。

第一表　每時八刻定父母兄弟法

此表之用法。如某甲生于子時初初刻。則斷其父母壽。兄弟多。某乙生于寅時正一刻。則斷其母喪。兄弟少。餘均倣此。

定父母兄弟表

時／刻		初初刻	初一刻	初二刻	初三刻	正初刻	正一刻	正二刻	正三刻
子	父	壽		喪	喪	喪	壽	壽	喪

時╱刻		初初刻	初一刻	初二刻	初三刻	正初刻	正一刻	正二刻	正三刻
	母	壽	喪	喪	壽	喪	壽	喪	
丑	兄弟	多	少	四五	多	無	無	二三	無
	父	壽	壽	喪	喪		喪	壽	喪
	母	喪	壽		喪	喪	喪	壽	壽
寅	兄弟	四五	二三	二三	四五	少	無	少	少
	父	喪	壽	喪	壽	喪		喪	壽
	母	壽	壽	喪	喪		喪	喪	壽
卯	兄弟	四五	多	二三	二三	無	少	四五	少
	父	壽	喪	壽	喪	喪		壽	喪
	母	喪	壽	壽	喪		喪	壽	喪
辰	兄弟	多	二三	四五	無	多	少	二三	二三
	父	壽	壽	喪	喪	壽	喪		喪
	母	喪	壽	喪	壽	壽	喪	喪	
巳	兄弟	三四	無	四五	四五	二三	少	無	無
	父	壽		喪	喪	喪	壽	壽	喪

時/刻		初初刻	初一刻	初二刻	初三刻	正初刻	正一刻	正二刻	正三刻
午	母	壽	喪	壽	喪	壽	壽	喪	喪
	兄弟	四五	四五	二三	二三	無	少	二三	少
	父	喪	喪	壽		壽	壽	喪	喪
未	母	喪		壽	喪	壽	喪	喪	壽
	兄弟	四五	四五	多	無	二三	多	二三	二三
	父	喪	喪		壽	喪		壽	喪
申	母	壽	喪	喪	壽	壽	喪	壽	喪
	兄弟	多	無	二三	無	二三	多	二三	二三
	父	喪		壽	喪	壽	喪	喪	壽
酉	母	壽	喪	壽	喪	喪	喪		壽
	兄弟	四五	四五	四五	四五	無	少	無	二三
	父	喪		壽	喪	喪	壽	喪	壽
戌	母	喪	喪	壽	壽		喪	喪	壽
	兄弟	二三	二三	無	二三	無	少	少	多
	父	壽	壽	喪	壽	喪	喪	壽	

時／刻	初初刻	初一刻	初二刻	初三刻	正初刻	正一刻	正二刻	正三刻
母	壽		喪	喪	喪	壽	壽	喪
兄弟	二三	四五	四五	四五	二三	少	四五	二三
亥　父	喪	喪		壽	壽	喪	喪	壽
母	喪	壽	喪	壽	喪		喪	壽
兄弟	無	二三	無	無	多	四五	二三	二三

第二表　每刻十五分定男命中妻子及女命中丈夫法

此表用法。如某甲生于子時初初刻十分則斷其妻佳子二。女命則斷其夫和。若生于子時正初刻十分或正三刻十分。均如此斷。某乙生於寅時初二刻十五分。或正一刻十五分。均斷其妾尅子少。女命則斷其夫重喪。即喪二夫也。若生于寅時初二。三分或正初刻三分。均斷其妾有子多。女命則斷其重醮。即三嫁也。按重喪言喪二夫。重醮言嫁三次。餘均倣此。

男命定妻子女命定丈夫法

時刻／分數	一分	二分	三分	四分	五分	六分	七分	八分	九分	十分	十一分	十二分	十三分	十四分	十五分
子　男命	妻佳	妻尅	妻和	妻喪	妻有	妻賢	妻無	妻喪	妻尅	妻佳	妻續	妻強	妻有	妻續	妻有
男命	子五	子少	子四	子多	子無	子一	子無	子多	子少	子二	子少	子三	子多	子多	子無

時刻	分數	分	二分	三分	四分	五分	六分	七分	八分	九分	十分	十一分	十二分	十三分	十四分	十五分
	女命	夫強	夫剋	夫佳	夫喪	重醮	夫偕	夫無	重喪	夫有	夫和	再醮	夫興	重醮	再醮	重喪
丑	男命	妻和	妻剋	妻有	妻賢	妻喪	妻有	妻佳	妻續	妻喪	妻強	妻無	妻續	妻偕	妻有	妻剋
	男命	子四	子少	子多	子二	子多	子無	子一	子少	子多	子三	子無	子多	子五	子無	子少
	女命	夫佳	夫喪	重醮	夫和	夫喪	夫有	夫偕	再醮	重喪	夫興	夫無	再醮	夫強	重醮	重喪
寅	男命	妻賢	妻剋	妻有	妻佳	妻喪	妻續	妻強	妻續	妻有	妻偕	妻無	妻喪	妻和	妻有	妻剋
	男命	子二	子少	子多	子一	子多	子多	子三	子少	子無	子五	子無	子多	子四	子無	子少
	女命	夫和	夫剋	重醮	夫偕	夫喪	再醮	夫興	再醮	夫有	夫強	夫無	重醮	夫佳	重醮	重喪
卯	男命	妻佳	妻續	妻喪	妻強	妻無	妻賢	妻偕	妻有	妻剋	妻和	妻剋	妻有	妻有	妻喪	妻續
	男命	子一	子少	子多	子三	子無	子二	子五	子無	子少	子和	子少	子多	子無	子多	子多
	女命	夫偕	再醮	重喪	夫興	夫無	夫有	夫強	重醮	重喪	夫佳	夫喪	重醮	夫和	夫剋	再醮
辰	男命	妻強	妻有	妻喪	妻偕	妻無	妻剋	妻和	妻剋	妻有	妻賢	妻續	妻有	妻佳	妻續	妻喪
	男命	子三	子無	子多	子五	子無	子少	子四	子少	子多	子二	子多	子無	子一	子少	子多
	女命	夫興	重醮	重喪	夫強	夫無	重喪	夫佳	夫剋	重醮	夫和	再醮	夫有	夫偕	再醮	夫喪
巳	男命	妻和	妻有	妻剋	妻偕	妻剋	妻有	妻賢	妻喪	妻有	妻佳	妻續	妻喪	妻強	妻無	妻續
	女命	子四	子無	子少	子五	子少	子多	子二	子多	子無	子一	子少	子多	子三	子無	子多

午

女命 夫佳 重離 重喪 夫強 夫尅 重離 夫和 夫尅 夫有 夫偕 再離 重尅 夫興 夫無 再離

男命 妻尅 妾有 妾和 妻喪 妻有 妻賢 妻續 妾喪 妻佳 妻無 妻續 妾強 妾有 妾尅 妻偕

男命 子少 子多 子五 子多 子無 子三 子少 子多 子二 子無 子多 子一 子無 子少 子四

未

女命 夫尅 重離 夫強 夫尅 夫有 夫興 再離 重喪 夫和 夫無 再離 夫偕 重離 重喪 夫佳

男命 妻喪 妻有 妻賢 妻續 妾喪 妻佳 妻無 妻續 妻強 妾有 妾尅 妻偕 妻尅 妾有 妻和

男命 子多 子無 子三 子少 子多 子二 子無 子多 子一 子無 子少 子四 子少 子多 子五

申

女命 夫喪 夫有 夫興 再離 重喪 夫和 夫無 再離 夫偕 重離 重喪 夫佳 夫尅 重離 夫強

男命 妻續 妾喪 妾佳 妾無 妻尅 妻強 妾有 妾尅 妾偕 妻尅 妾有 妻和 妻喪 妻有 妻賢

男命 子少 子多 子二 子無 子多 子一 子無 子少 子四 子少 子多 子五 子多 子無 子三

酉

女命 再離 重喪 夫和 夫無 再離 夫偕 重離 重喪 夫佳 夫尅 重離 夫強 夫尅 夫有 夫興

男命 妻無 妾喪 妻強 妾有 妾尅 妻偕 妻尅 妾有 妻和 妻賢 妻喪 妻有 妻續 妻佳 妻續

男命 子無 子多 子一 子無 子少 子四 子少 子多 子五 子三 子多 子無 子少 二子 子多

女命 夫無 重喪 夫偕 重離 重喪 夫佳 夫尅 重離 夫強 夫興 夫尅 夫有 再離 夫和 再離

戌

男命 妾有 妾尅 妻偕 妻尅 妾有 妻和 妻喪 妾有 妻賢 妻續 妾喪 妻佳 妻無 妻續 妻強

男命 子無 子少 子四 子少 子多 子五 子多 子無 子三 子少 子多 子二 子無 子多 子一

女命 重離 重喪 夫佳 夫尅 重離 夫強 夫喪 夫有 夫興 再離 重喪 夫和 夫無 再離 夫偕

時刻／分數	分	二分	三分	四分	五分	六分	七分	八分	九分	十分	十一分	十二分	十三分	十四分	十五分
亥　男命	妻有	妻和	妻尅	妻有	妻賢	妻喪	妻喪	妻佳	妻緩	妻尅	妻强	妻有	妻緩	妻偕	妻無
男命	子多	子五	子少	子無	子三	子多	子多	子二	子少	子少	子一	子無	子多	子四	子無
女命	重離	夫强	夫尅	夫有	夫興	夫喪	重喪	夫和	再離	重喪	夫偕	重離	再離	夫佳	夫無

八十三　論大運要訣

日主譬如吾身局中之神。譬之舟馬行從之人物也。大運譬之所蒞之地。故重地支。未嘗無天干。太歲譬之所遇之人。故重天干。未嘗無地支。必先明一日主而後配合七字。推其輕重。看喜行何運。忌行何運。查大運之法。以本命用神爲主。如壬水命元。缺金生助。則以金爲用神。缺火發揮。則以火爲用神。既爲用神。最爲緊要。大抵宜生扶。不宜尅洩。損用神者。欲運制之。益用神者。欲運生之。身弱欲運行至旺鄉。身强欲運洩其燥氣。官弱再宜運生。不宜運傷。煞旺者。宜運制。不宜運扶。財弱者。宜運扶。不宜運尅。印弱者。宜運旺。不宜運衰。食衰者。宜運生。不宜運梟。總視其與命主之關係如何。更看四柱强弱如何。原有原無。原輕原重。原有官甚弱。行官運則發官。原有財甚弱。行財運則發財。原有災。又行災運。則生災。倘若日干弱而官旺。再行官運。則太過。主災。宜行印運以助之。因官生印而印生身也。倘日干弱而財旺。再行財運。則太過。主災。宜行比刦運以去財。或印運以生身。方爲吉利。行運在干。兼用地支之神。在支則兼天干之物。因大運重地支故也。四柱得氣深。迎運便發。得氣淺。須交過運始發。

得其中氣。運至中則發。命中五行衰者。運宜盛。五行盛者。運宜衰。衰者復行衰運。是謂不及。故運蹇沉滯。盛者復行盛運。是謂太過。故緊作成敗。要歸於中而已。行運干支有別。干動而支靜。干主一而支藏多。如甲用酉官。運逢庚辛。則爲官煞混雜。逢申酉不作此例。申爲辛之旺地。辛坐申酉。如府官而又掌道印也。逢二辛則官犯重。而二酉不作此例。辛坐二酉。如一府官而攝二郡也。透丁則傷官。而逢午不作此例。丁動而午靜。且午中丁巳並藏。巳土爲財也。然亦有支神能作禍福者。如甲用酉官。逢午本未能傷。而又會寅或戌。則支火因會而動。亦能傷酉官矣。又有干同一類而不兩行者。如戊生亥月。而年透壬官。逢丙則帮身。逢丁則合官是也。又有支同一類而不兩行者。如戊生卯年巳年。逢申則自坐長生。逢酉則會巳以傷官是也。常法謂行刦財敗財運。主剋父母妻妾。或破財爭鬬之事。行傷官食神運。主剋子女。訟事囚繫。行官煞運。主得名。發越太過。則災病惡疾。行印綬運。主吉慶增產。行財運主名利皆通。然此乃死法。譬喻。須隨日主强弱。與財官向背。參合推之。妙在識其通變。不可執一也。總之大運爲八字所經之歷程。均宜以財官爲主。如八字中日干與財官之旺弱不均。大運有調和其均勢之力者。即爲好運。若大運助强壓弱。則凶禍更大矣。又如八字中日干所有之財或官。而被刦被傷。大運能去刦化傷。生財扶官者。亦爲好運。若財被刦官被傷。大運助刦助傷。則禍更大矣。仔細推之。無有不應。

八十四　論流年要訣

流年又名太歲。主一年之吉凶。四時之禍福。看流年雖取天干。然其支神與他支神之互相沖合變化。亦須兼論。大抵歲干傷日干。有禍必輕。日干犯歲干。如甲日尅戊年。丁日尅辛年之類。災殃必重。五行有救。其年反必招財。四柱者情。或可反凶爲吉。所謂五行有救者。如甲日尅戊年。四柱中原者庚申金。或大運中亦有金。將甲木日主制伏。使之不尅戊土太歲是也。所謂四柱者情者。如甲日尅戊年。大運或四柱中有一癸字與戊大歲相合。或有己字合甲日主亦解之。是也。若有救有情二字俱全。其年反凶爲吉。有一字者凶半。二字俱無。凶莫能解。主其年凶喪尅妻妾及破財是非犯上之擾。加以空亡咸池羊刃諸煞併臨。禍患百出。若太歲與日干天沖地尅。或天比地沖。均主不吉。至若太歲尅生時。或生時尅太歲。亦主有災。却以子位斷之。又日主與財官之强弱關係。太歲亦有左右之權。尤須較量細論也。

八十五　歲運互看法

大運與流年二者。相爲表裏。乃人命禍福死生所係。歲用天元。運用地支。凡行好運。而日干傷流年天元。爲禍輕。若行不好運。及脫財官運。而日干傷歲干。爲禍重。若是已發之命。禍患立至。凡行不好運。未可更言絕衰。大要知己發未發。其氣運已過未過言之。大運不宜與太歲相尅相沖。更刑沖相尅者亦忌。歲沖尅運者吉。運尅歲者凶。格局不吉死者。歲運相生者吉。祿馬貴人合交互者亦吉。宜仔細推之。

八十六　論命運貴賤吉凶要訣

窮通命也。星學家以人之年月日時所生謂之命。蓋與天賦之命。其揆一也。故人之富貴貧賤吉凶壽夭。均於命中可以推知之。顧其推論之理與其推測之法爲類甚多。非細究其奧妙。窮之以實驗。殊難斷其正准也。茲就滴天髓述之。

富　財旺身旺。官星衛財。忌印而財能壞印。喜印而財能生官。傷官重而財神重。財神重而傷官有限。無財而暗成財局。財露而傷官亦露者。此皆財氣通門戶。所以富也。夫論財與論妻之法。可相通也。然有妻賢而財薄者。亦有財富而妻傷者。看刑冲會合。但財神清而身旺者。妻美。財濁而身旺者家富。

貴　官旺身旺。而印衛官。忌刼而官能制刼。喜印而官能生印。財星旺而官星通達。官星旺而財神有氣。無官而暗生官局。官星藏而財神亦藏者。此皆官星有理會。所以貴也。論官與論子之法。可相通也。然有子多而無官者。而顯身而無子者。亦看刑冲會合。但官星清而身旺。必主多子。至於得象得氣。得局得格者。妻子富貴俱全。

貧　財神不眞。不但洩氣被刼也。傷輕財重。財輕官重。傷重印輕。財重刼輕。皆爲財神不眞也。若中有一位清氣。則不貧矣。

賤　官星不見。不但失令被傷。財輕官重。官輕印重。財重無官。官重無印。皆是官星不見。若中有一位濁氣。不貧亦賤。至於用神無力。忌神太過。敵不受降。助旺欺弱。主從失宜。及歲運不輔者。既貧且賤。

吉 柱中所喜之神。左右始終皆得其力者必吉。然大勢平順。內體堅厚。主從得宜。縱有一二忌神。來攻擊日主。亦不爲凶。譬之國內安和。不慮外寇。

凶 財神與用神無力。不過無所發達而已。不帶刑凶。至於忌神太多。或刑或沖。歲運助之。相爲攻擊。局內無備禦之神。又無主從。必主刑傷破敗。且犯罪受難。到老不吉。

壽 靜者壽。柱中無沖無合。無缺無貪。則性定矣。元氣厚者。不特精氣神氣全而官星不絕。財神不滅。傷官有氣。身弱印輕。提綱輔主。用神有力時上生根。運無絕地。皆是元神厚處。細究之大率甲乙寅卯之氣。不過沖戰洩氣。偏旺浮泛而安頓得所者。必壽。木屬仁。仁者壽。每每有驗。故敢施之於筆。若貧賤之人而亦有壽。以其得氣。僅一個身旺或身弱。而運行生地。小小與他衣食不缺可矣。

殀 氣濁神枯之命。極易看。印綬太旺。日主無着落。財煞太旺。日主無依倚。喜神與忌神雜戰。四柱與行運反沖。絕而不和。靜而不專。溼而不滯。燥而不鬱。精流氣洩。皆壽殀人也。

八十七　玄通秘訣定命運貴賤吉凶法

玄通秘訣論人命運。以富貴貧賤壽夭困亨八法。取五行生尅强弱斷之。以日干爲主。論木不分甲乙。論火不分丙丁。如甲乙木日主旺而逢厚土。或日主衰而逢盛木。均爲富命是也。餘均倣此。列表如下。

富　甲乙木日主旺逢厚土　丙丁火日主旺逢强金　戊己土日主旺逢活水

甲乙木日主衰逢盛木　丙丁火日主衰逢旺火　戊己土日主衰逢厚土

庚辛金日主旺逢旺木　壬癸水日主旺逢烈火　秘　主旺逢旺財必富

貴

庚辛金日主衰逢強金　壬癸水日主衰逢大水　訣　主衰逢旺比必富

甲乙木日主旺逢剛金　丙丁火日主旺逢盛水　戊己土日主旺逢旺木

甲乙木日主衰逢活水　丙丁火日主衰逢盛木　戊己土日主衰逢盛火

庚辛金日主旺逢烈火　壬癸水日主旺逢厚土　秘　主旺逢官旺必貴

貧

庚辛金日主衰逢厚土　壬癸水日主衰逢強金　訣　主衰逢印強必貴

甲乙木日主旺逢木　丙丁火日主旺逢火　戊己土日主旺逢土

甲乙木日主衰逢金　丙丁火日主衰逢水　戊己土日主衰逢木

庚辛金日主旺逢金　壬癸水日主旺逢水　秘　主旺逢比刦必貧

賤

庚辛金日主衰逢火　壬癸水日主衰逢土　訣　主衰逢官煞必貧

甲乙木日主旺逢大水　丙丁火日主旺逢旺木　戊己土日主旺逢烈火

甲乙木日主衰逢烈火　丙丁火日主衰逢厚土　戊己土日主衰逢強金

庚辛金日主旺逢厚土　壬癸水日主旺逢強金　秘　主旺逢印主賤

壽

庚辛金日主旺逢大水　壬癸水日主衰逢盛木　訣　主衰逢旺傷主賤

甲乙木日主旺逢火　丙丁火日主旺逢土　戊己土日主旺逢剛金

子平命術要訣

甲乙木日主衰逢水　丙丁火日主衰逢木　戊己土日主衰逢火
庚辛金日主旺逢水　壬癸水日主旺逢木　秘　主旺逢傷食主壽
庚辛金日主旺逢土　壬癸水日主衰逢金　訣　主衰逢印綬主壽

夭

甲乙木日主旺逢盛木　丙丁火日主旺逢旺火　戊己土日主旺逢厚土
甲乙木日主衰逢強金　丙丁火日主衰逢大水　戊己土日主衰逢盛木
庚辛金日主旺逢剛金　壬癸水日主旺逢大水　秘　主旺逢強比必夭
庚辛金日主衰逢烈火　壬癸水日主衰逢厚土　訣　主衰逢旺煞必夭

困

甲乙木日主旺逢水　丙丁火日主旺逢木　戊己土日主旺逢火
甲乙木日主衰逢土　丙丁火日主衰逢金　戊己土日主衰逢水
庚辛金日主旺逢土　壬癸水日主旺逢金　秘　主旺逢印必困
庚辛金日主衰逢木　壬癸水日主衰逢火　訣　主衰逢財必困

亨

甲乙木日主旺逢金　丙丁火日主旺逢水　戊己土日主旺逢木
甲乙木日主衰逢木　丙丁火日主衰逢火　戊己土日主衰逢火
庚辛金日主旺逢火　壬癸水日主旺逢土　秘　主旺逢官煞必亨
庚辛金日主衰逢金　壬癸水日主衰逢水　訣　主衰逢比刦必亨

八十八　崖泉男命賦

凡觀男命。先觀日主之盛衰。次察財官之强弱。日主旺。財官得地。一生福祿優遊。日主衰。財官敗絕。一世貧窮到老。日主旺而財官衰。遇財官發福。財官旺而日主弱。運行身旺飈名。財旺官柔不可以官柔而言不貴。官旺財絕。縱貴也不顯榮。財星入庫。逢沖破富有千倉。官星正氣。遇刑沖貴而不久。官若有沖還有合。頭角崢嶸。庫逢沖破再逢沖。家資漸退。四柱純財身更旺。不貴即當大富。財官入墓。非損子即傷妻。財官皆臨敗絕。寡獨貧寒蹇滯。財官俱值於空亡。中途子喪妻傷。奔走仕途。少得傷官就祿。財星秉令支中。早配豪門淑女。官星得祿日時。定生折桂賢郎。月令財居絕地。妻無內助之賢。時上官星無氣。有子不能跨灶。傷官羊刃日時。莊子鼓盆之歎。丙辛遯入酉時。他日何人掃墓。財星帶合日干衰。外春風而內懷奸詐。陽木金多無火制。性剛暴而凶惡之徒。印旺財輕身更弱。錦心繡口之人。財多印輕身又弱。有學寒酸之輩。身弱財多。偏聽內語。官少身弱。一子傳芳。財官俱敗。年少難行。生地相逢。壯年不祿。學海奔波。非懸佐也。只是儒官。財多殺重。富家榮幹之人。印破財傷。少遂青雲之志。印旺一見財鄉。自然家肥屋潤。印輕偷行財運。俄然夢入南柯。印重重。財被劫。嚴慈重拜北堂。印綬若行身旺運。到底尋常。陽剛陰柔。兄强弟弱。陰盛陽衰。弟必强兄。羊刃劫財財疊疊。花燭重輝之事。柱中殺印相生。身旺功名顯達。印旺殺輕。馳身定享科名。煞旺印輕。出仕定居武將。帶殺魁罡逢沖戰。性高强而生殺之權。羊刃七煞交加。守邊城軍民受惠。七煞有制化有權。定產麒麟之子。食多煞少身柔。子少而性無發越。傷官入墓。要分陰陽。陽傷官入墓。地老天荒。陰傷官入墓。有病無妨。傷官若見四柱。有子難繼書香。大運倚得入財鄉。麒角麟毛可寶。金水傷官得令。五經魁首文章。火土水木傷官。恃已凌人傲物。火明木秀甘主強。定作狀元郎。傷官身旺若逢財。身到鳳凰台。傷官身弱見傷官。平地起風波。傷官運若見刑沖。一夢入幽冥。羊刃殺敵。黃金榜上定標名。傷官有情來合煞。金榜標名定是員。夫年論妻災。何處看財星受尅淺深。子命推母原深。看印星受傷輕重。癸用庚金爲印星。乙庚暗合定然母氏心邪。庚用乙木作財星。重見庚辛。必主宗人內亂。戊用癸妻坐亥酉。妻主好色而好酒。巳用甲官子午時。縱然有子損而危。倒沖格。井攔叉。有財位居台閣。甲趨乾。壬趨艮。身旺乃傳庭之相。拱祿貴夾丘鄉。無塡實爲廊廟之人。金木交加身更弱。爲技藝而招惹是非。木火遞互帶魁罡。犯刑名而多遭囹圄。羊刃傷官逢沖戰。性凶惡而興人少合。水多木少又身柔。性飄蓬而五湖四海。羣羊姤合一陰。如楚漢爭鋒之象。諸陰爭合于陽。不過蛙鳴蟬噪。逢沖則凶。有合反吉。有合則吉。姤合反凶。甲乙生逢寅卯辰爲仁壽。見坎地多者登榮。丙丁局全寅午戌。位重權高。逢水鄉坎離交媾。戊巳局全辰戌火運始許飛騰。壬日全逢申子辰。從潤下。見財地榮登仕路。辛日子時畏離位。喜見酉方。弱而有救。壬癸生申亥子。志識多能。行運火土鄉。名蓋當朝。甲日亥月。見離壽促。乙日卯提。官鄉發祿。卯字提綱。到乾宮歸寄兩途。丙子寅月。逢坤兌。火不西行。丁日酉提到艮方。明無不滅。壬水亥月到震方。子旺母衰。陰水運坤申山土重。露珠乾爍。陰水運到巽方。木被巽風吹折。到離位烟滅灰飛。陽土陽金陽火。

逢坎地戀入幽冥。陰木陰金陰水。到離巽居安不慮危。壬癸耗在北方。無土制定損飛潤。戊日寅提見酉申。十死一生。巳丑酉月到寅宮。少全安逸。辛逢巽地少樂多憂。

八十九　女命賦

凡觀女命要身弱。正氣官星要得祿。有財無煞混官星。定配賢良富貴族。無官便要看財星。財旺生官富貴員。食神祿旺有財星。子貴夫榮理最明。食神祿旺財官衰。子貴夫愚無所託。財官敗絕食神衰。夫榮子懦無所依。財官得祿食神弱。因子因夫紫誥章。食神入墓子必損。官星入墓夫先亡。食神重見在中央。早年父母後先傷。縱然蟄蟄螽斯羽。瓜瓞綿綿也難當。干支官食落空亡。後嗣艮人命不長。日時辰戌兩相沖。既取偏房獨守空。雖有子息難登第。百歲光陰不善終。金水傷官桂內逢。其人如玉貌玲瓏。有財帶印隨夫貴。淑善幽閑主饋中。傷官太旺若無財。一對鴛鴦兩拆開。干頭戊己土重重。心內玲瓏無發達。子午卯酉號桃花。官帶桃花福祿誇。煞帶桃花貧且賤。爲娼爲妓走天涯。柱中梟食並傷官。子死夫亡是兩端。梟食傷官女命嫌。財食官印女命喜。梟食傷官運見財。決然有子不須猜。支內財官印綬多。非淫即賤損兒塵。癸日生人用戊官。少年定嫁白頭郎。若逢亥酉支中見。好飲花中約夜郎。干支暗合貴人多。畫眉咬指笑呵呵。支內暗藏官帶合。定然有寵在偏房。擇婦洗髯要純和。綜理詳明不用多。識得崖泉如鏡賦。萬卷千秋永不磨。

九十　萬尚書瓊璣三盤賦

官星帶刃。掌萬將之威權。印綬生身。居三台之重位。傷官有刃。將相公侯。印綬逢官。早沾雨露。官無刃而有印。非台憲之職。必郡守之尊。殺有制而無梟。非肅殺之權。即兵刑之任。財氣遇正官。聲價遠馳於六國。食神帶七煞。英雄獨壓於萬人。印刃相隨。官高極品。財星正立。位步超羣。殺刃休囚。祿薄官卑之士。財神無氣。朝封夕貶之官。正印月逢官居翰苑偏財時見。位列皇朝。祿高有玉佐之才。班馬有封侯之體。名標金榜。蓋緣六格清純。身近龍顏。只爲四柱不濁。木向春生遇金制。必爲宰輔之臣。火當夏令得水滋。定作阿衡之任。秋金宜火以煆煉。膺紫誥以治民。冬水得土以隄防。謁金門而進諫。寅申巳亥兼全。位至三公之列。子午卯酉全備。職封一品之官。二德俱全。爲官清正。三奇均正。終能濟世安邦。七煞專權。自解調元贊化。科甲之星不陷。青年及第登科。催官之曜俱強。指日攀龍附鳳。官星印旺。獨居一代之功名。殺制刃興。主掌滿營之兵卒。若是用神輕淺。決爲吏卒卑官。倘逢命脈遭傷。須要乞骸避位。用財無比劫。治邦振廉介之稱。用食絕梟神。在位有得人之譽。若先財而後印。居官一歲一遷。倘先印而後財。入試許百發百中。金多無火。功名蹭蹬之儒。木重無金。歲月蹉跎之士。火明木秀。斯人必貫經魁。金水極清。此輩擬登甲第。金逢火煉。早步金階。木得金裁。廊廟輔宰。食神制煞。遂十年燈火之光。刃輔傷官。際一旦風雲之會。格局無官相繼。人知腰佩金魚。祿多有印相扶。職位定登台鼎。干透財印雙美。中年身到鳳凰池。支藏祿馬兩全。壯歲首登龍虎榜。時上食神騎祿馬。斯人唾手掇印名。財官一位。狀元一舉無疑。身殺兩停。魁饒兩途有分。官印無刃無殺。職居翰苑之淸。偏官有制有生。威鎭藩垣之主。列金階而陳大計。緣柱中金水相涵。登玉殿以進忠言。値命內水火相照。金馬文章。官印輔明於歲月。玉堂翰職。財殺不黨於提綱。六壬趨艮。財印早步青雲。六甲趨乾。無破沖捷登黃甲。飛天祿馬。少壯冠場。拱祿無傷。早歲跨灶。衣紫腰金。財輔官旺。歲德扶官扶馬。許君早拜金階。日辰夾貴夾財。准擬榮登仕路。子丑遙合巳宮。是一舉成名之輩。二德配官。類周勃當時入相。兩干不雜。效相如昔日題橋。壬日弱龍。入仕擁旗喝道。乙干見鼠。讀書有封誥臨門。居邦食祿萬鍾。得祿與其合祿。入相爲官一品。正官不雜偏官。用物淸純。爲德秀之名。行運順平。作青雲之客。申時癸日合官。爲折桂之人。癸日寅時刑合。作探花之客。庚日三合水局。貴冠諸儒。時逢一位偏官。名揚萬里。金神帶印。內閣股肱。祿馬同鄉。當朝柱名。貴人出色。金水涵淸。貴命傷官。風霜滿路。相合相生。男子定登將相。無沖無破。女人必配儒臣。論命知貴賤之殊。參理要中和之氣。江湖星士。請鑑于斯。

九十一　相心賦

人居六合。心相五行。欲曉一生。辨形察性。官星愷悌。貴氣軒昂。印綬多主聰慧。豐身更且心慈。食神善能飲食。體厚而好謳歌。偏官七煞。勢壓三公。喜酒色而偏爭好鬥。愛軒昂而扶弱欺強。性情如虎。急躁如風。梟印當權。使心機而始勤終惰。好學藝而多學少成。偏印刦刃。出祖離家。外象謙和尙義。內心狠毒無知。有刻剝之意。無慈惠之心。偏正財露。輕財好義。愛人趨奉。好說是非。嗜酒貪花。亦係如此。傷官傷盡。多藝多能。使心機而傲物氣高。多詭詐而侮人志大。權高骨傲。眼心眉粗。日德心善身穩厚。而作事慈祥。魁罡性嚴有操持。而爲人聰敏。金神貴格。火地奇哉。有剛斷明敏之才。無刻薄欺瞞之意。五陰會局。爲人佛口蛇心。二德印生。作事施恩佈德。火炎土燥。必聲攜而好禮。水清兌下。主言悟而施仁。彙合如然。失時返此。事則舉其大略。須要察其細微。欲識性情學者。用心於此。

子平命術要訣終

正誤表

頁	行	第幾字	誤	正
五	七	十八	土	巳
五	十二	十七	乙	己
十二	三	六	丑	未
十二	四	十	卯	酉
二五	二	二一	辟	夘
二六	三	二十	爾	爲
三五	十四	二六	造	遇
三八	十五	二一	兩	財
三九	六	五	須	强
三九	十二	二七	官	看
四三	十	三十	○	刻
四七	八	二十	年	月
四八	三	十九	者	有
四八	四	九	者	有
四八	五	二八	者	有
四八	十四	廿九及卅	死者	者死
四九	十	十九	而	有

中華民國十六年六月初版

子平命術要訣一册

定價大洋二元

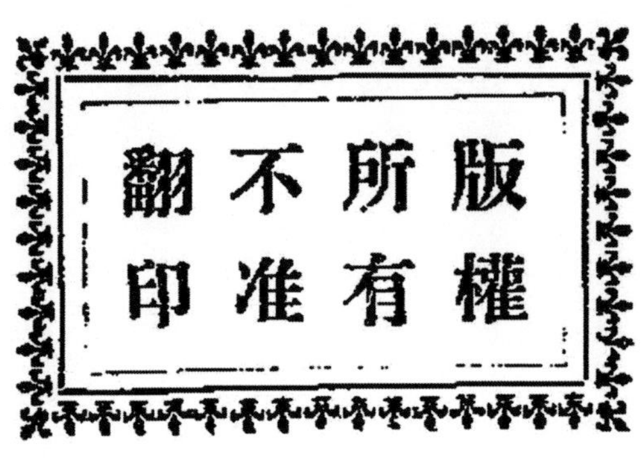

著述者 衡陽鄒文耀

發行者 衡陽鄒文耀

代印者 永華印刷局 宣外西茶食胡同 電話南局四九一八

發行所 北京西四受壁胡同四十一號 各書局代售

知命篇

自序

聖人有言．不知命者無以爲君子．古今賢達安命．此儒者所當知也．昔周之姜尚．漢之張良．蜀之孔明．皆知命理之流．盛世則出仕．亂世則隱居．知命之可爲．則出治國．若管輅知命之不可爲．則終身隱卜於市．古之賢者．皆通此理．雖前賢之可考．其後賢之不者恒多．天下之大．無所不有．則予之孤陋寡聞．將命理一道．訪諸高友於四海之內．以博知命君子一粲．

民國丁卯年正月安吳胡仲言隨祿子自序於養心室

論四柱

凡年月日時爲四柱・以年爲祖・月爲父母・日爲本身・時爲子息・以日干爲用・爲主・爲身・以提綱論衰旺・衰者扶之・旺者洩之・先以春夏秋冬論衰旺・再以月令而配寅卯屬木・辰屬土・巳午屬火・未屬土・申酉屬金・戌屬土・亥子屬水・丑屬土・四柱者・時之所積也・積時而成日・積日而成月・積月而成歲・如一天十二時・爲一日・三百六十時・爲一月・十二月爲一歲・三十年爲一世・即三百六十月・六十年・而爲七百二十月・爲一花甲・其中有閏年・閏月・閏日・中曆閏月・西曆閏日・但閏年爲化甲所管・須待一千二百年之後・方閏十六年・其實上兩紀內・閏二年・中兩紀不閏・下一紀閏一年・一花甲之中・有三閏年・故一千二百年之後・應閏六十年・星宿符將・方可過宮・爲一週天・三才之一大轉也・但所閏六十年・又有閏中閏・以六十年閏三年計之・則爲一千二百六十三年・屬一時・子丑天地初開・得二千五百二十六年・寅至

亥十時・得一萬二千六百三十年・共計一萬五千一百五十六年・將此閏中閏之三十六年・閏在月日之內・方合易策之數・實只一萬五千一百二十年也・若鐵冠道人數・爲一萬五千二百七十卦數・出乎易理乾坤之策・二千五百二十・四象計之・則爲五千另四十・以三元計之・則爲一萬五千一百二十・再加閏卦一百五十・得一萬五千二百七十卦數・如六十年閏三年・以五百年計之・應閏卦一百五十之數也・故配五百年爲一運・以甲子行八卦・六十年計之・得六捌四百八十年・又配百年一運・五運五百年・以十年配八卦之八十年・皆少二十年・若以二花甲計之・得一百二十年・是故先賢推的・以二十年爲一運・三運得六十年・九運一百八十年・將此運配在八卦九星之上・及易策之數・均皆相合・如一百二十六運・合二千五百二十之數・一運得七千二百日・爲七百二十子息・二運得坤策一百四十四數・三運得乾策二百十六數・必須由大化小・化出二年爲一運・一年爲一片・所以邵子詩云・三十六宮都是春・卽此義也・百年

爲乾坤合策之數・五十年爲半數之運・六十年爲花甲之運・三十年爲一世之運・必須以小運而推大・大數而化小・所以聖人云・雖百世可知也・通易者・則無所不知之意也・其算命之四柱・非作算命一道而論・世間萬事萬物・皆是此用・如子評大運・以節令爲主・命宮以中氣爲根・談子評者・要分一時爲一百二十分・上四十分・中四十分・下四十分・則爲三命・談命宮者・亦分一百二十分・要推到准的・一百二十分中之一分・在星宿之幾度・方爲准的・其一天十二時・一時得一百二十分・以一時計算・得有七千二百杪子息之多・爲一時之一週・以十分・爲配時中之一時・用五虎遁・再推十二數・如甲子時・上十分爲甲子之十分・次十分爲乙丑・輪流至乙亥止・再十分中・所配之甲子六百杪・以天數五歸之・則得一百二十數・以地數五乘之・則爲六百杪・應配五十杪之甲子干支・推到准的之分杪・則人之窮通壽夭・無不應驗・但天道無窮・大德延年・大惡減算・則非我之所能言也・如人命一天十二時・一年即四千三

百二十命・以六十花甲計之・則得二十五萬九千二百命・方合易理・乾坤之策・二千五百二十之數・及七十二子息之數也・將此二十五萬九千二百之數・以三六歸之・得七十二・以七十二歸之・得三十六・其六十年花甲・可對年上起月・如對日・必須一千二百六十年・方可相對・或一千二百六十日・亦可相對・其一千二百六十之數者・是三才五行七星九曜之一轉也・以六歸之・得二千一百之數・爲三個七星・以七歸之・得一千八百之數・爲兩個九星・所以天地行氣・以五行七星九曜作緯・以六甲干支作經・是謂空中行氣之經緯也・習此道者・必須熟讀易經・能知易理之策・有一策即有一數者・方可談天理・談地球・之流者矣・三千年爲一會・五百年爲一刻・五六得三十之數・三五得十五之數・九六亦得十五之數・乾卦上九・坤卦上六・卦者數也・數與數相會・即金木水火土之相會・數之五行在河洛・細心求之・或可領畧一二也

論春木其性仁

正月寅陽木當令．身旺喜金尅火洩．身弱喜地支所藏之水生扶．二月卯陰木當令．身旺喜金尅火洩．身弱喜天干之水生扶．三月辰陽土當令．身旺喜尅洩．身弱喜扶助．以地支爲用．天干次之．其春季二木一土．各得其用．寅屬人元之木．卯屬天元之木．辰屬地元之土．雖屬春令．其用法有三．又歸春令所管．以用爲重．管所輕也．如戊辰月生人．庚金日元．則要作身旺而斷．非作春令而論．辰月爲春令之木庫．以土爲用也．

論夏火其性禮

四月巳陰火當令．身旺喜尅洩．身弱喜扶助．宜天干爲用．五月午陽火當令．身旺喜尅洩．身弱喜扶助．宜地支所藏爲用．六月未陰土當令．身旺喜尅洩．身弱喜扶助．宜天干爲用．其夏季二火一土．各得其用．巳屬人元之火．午屬天元之火．未屬地元之土．雖屬夏令．其用法有三．又歸夏令所管．以用爲重．管所輕也．如未月當作土論．而爲火庫也．

論秋金其性義

七月申陽金當令・身旺喜尅洩・身弱喜相扶・宜地支爲用・八月酉陰金當令・身旺喜尅洩・身弱喜相扶・宜天干爲用・九月戌陽土當令・身旺喜尅洩・身弱喜相扶・宜地支爲用・其秋季二金一土・各得其用・申屬人元之金・酉屬天元之金・戌屬地元之土・雖屬秋令・其用法有三・又歸秋令所管・以用爲重・管所輕也・如戌月當作土論・而爲金庫也・

論冬水其性智

十月亥陰水當令・身旺喜尅洩・身弱喜相扶・宜天干爲用・冬月子陽水當令・身旺喜尅洩・身弱喜相扶・宜地支爲用・臘月丑陰土當令・身旺喜尅洩・身弱喜相扶・宜天干爲用・其冬季二水一土・各得其用・亥屬人元之水・子屬天元之水・丑屬地元之土・雖屬冬令・其用法有三・又歸冬令所管・以用爲重・管所輕也・如丑月當作土論・而爲水庫也・

論四季月其性信

辰月之土木庫・喜四柱中財歸木庫・必清貴之人・未月之土火庫・喜財歸火庫・必好禮鉅富之人・戌月之土金庫・喜財歸金庫・必好義穩重之人・丑月之土水庫・喜財歸水庫・必好動經營之人・古人配土而爲信・無信則無庫・無庫則無歸縮之期・五行混雜・淆亂是非・故聖人以土而配信者・實天理之自然也・

論十干

甲陽木・乙陰木・丙陽火・丁陰火・戊陽土・己陰土・庚陽金・辛陰金・壬陽水・癸陰水・即一二三四五・六七八九十・一甲與六己相合・從己而化土・二乙與七庚相合・從庚而化金・三丙與八辛相合・從合而化水・因金至少陰而化陽・故辛金而化水也・四丁與九壬相合・從合而化木・因水至少陽而化陰・故壬水而化人元木也・五戊與十癸相合・從合而化火・因水至老陽之十數・十者一也・而化先天之火・故癸水而化火也・甲己乙庚・先天之化・丙辛丁壬戊癸

・後天之化・甲子配天・乙丑配地・故爲先天・屬靜之體・丙寅丁卯戊辰・配後天屬動之用・故爲後天也・

論十二地支

子陽水・丑陰土・寅陽木・卯陰木・辰陽土・巳陰火・午陽火・未陰土・申陽金・酉陰金・戌陽土・亥陰水・卽一二三四五・六七八九十・十一・十二・一子與二丑相合・而化土・從丑而化土・三寅與十二亥合・從合而化春令之木・而亥亦變木・四卯與十一戌相合・從合而化火・而戌亦變火・七午與八未相合・從未而化土・五辰與十酉相合・辰水生酉金・從酉而化金・六巳與九申相合・巳金生申水・從合而化水・而申亦變水・子丑先天之化・爲一化二・寅亥後天之化・爲三化二・卯戌爲太極之化・爲四化一・午未爲先天對宮之化・爲七化八・辰酉爲天罡之化・爲五化十・巳申爲少陽之化・爲六化九・地支雖有十二・實只九數・十從後天之一・十一從先天之一・十二從先天之二・其先天子

丑一合．卽子天與丑地而相會．天地相會．卽日月之交會也．所以建寅月．中氣過宮．以亥爲天將．天將卽太陽是也．寅亥一合生萬物之玄關也．

論祿神

甲祿到寅．甲子木．生丙寅之丙火祿．乙祿到卯．乙木．生丁卯之丁火祿．丙戊祿在巳．丙火．生己巳之巳土祿．戊土．生地支巳巳之巳金祿．庚祿居申．庚金．生壬申之壬水祿．辛祿到酉．辛金．生癸酉之癸水祿．壬祿到亥．壬水．生乙亥之乙木祿．癸祿到子．癸水．生甲木之甲祿．丁巳祿在午．丁陰火從化．而生庚午地支之午火祿．己土．生庚午之庚金祿．此爲一紀之論也．若丙子紀．則又爲丙火．生戊寅之戊土祿．戊子紀．則又爲戊土．生庚寅之庚金祿．戊子紀內．如庚祿居申．並非眞祿．申宮之丙申火．來尅庚金．不爲眞祿．必須以壬辰爲眞祿．習此道者．須知變化而用．不可執一而斷．細心悟之可也．

論貴人

先賢論貴人之法・此是彼非・莫衷一是・愚考之奇門・六壬諸法・各有其理・如奇門分陰陽二貴・以亥支加正時・查貴人所落陰陽二支・再分陰陽順逆・以亥巳分陰陽二貴・自亥至辰爲陽貴・自巳至戌爲陰貴・六壬眎斯・論日用陽貴・夜用陰貴・以甲戌兼牛羊・而配七百二十課・此理確當・但論六壬天將・以一六・二七・三八・四九・過將・有失其理也・天將當以中氣爲主・中氣過將・確爲至論・查六壬課・最重貴人・六壬大全・論甲戊庚牛羊・六辛逢馬虎・此法不可宗之・按地球東半球・西半球・向東屬日・向西屬夜・其貴人得天氣之自然而然・如日當用自亥至辰之陽貴人順行・而夜當用自巳至戌之陰貴人逆行・以甲戊兼牛羊・乙巳鼠猴鄉・丙丁鷄猪位・壬癸兎蛇藏・庚辛逢虎馬・此是貴人方・最爲的確・如子評・當以日干起時之貴爲的・如逢年月之貴・亦必須用五虎遁・推的方准・如甲子日主・乙丑辛未爲眞貴・餘者爲假・其辰戌爲

天罡地戶・貴人之所不臨・六壬大全・論之甚當・其奇門遁甲之法・乙丙丁三奇・即貴人發始之源・如奇門順佈六甲・逆佈三奇・此為倒亂・必須順佈六甲・順佈三奇・方合陽儀之法・如甲子日・坎宮甲子戊・坤宮甲戌己・震宮甲申庚・巽宮甲午辛・中宮甲辰壬・乾宮甲寅癸・七宮乙奇・八宮丙奇・九宮丁奇・再以坎卦起甲子時・乙丑坤・丙寅震・丁卯巽・戊辰中・己巳乾・庚午兌・合乙奇・辛未艮・合丙奇・壬申離・合丁奇・此即貴人之發始也・但奇門之法・陽儀順行九宮・逆佈八門・陰儀逆行九宮・順佈八門・此道最難・推詳不易・非經神授・切莫猜詳・所論貴人之源・略舉一二・故稱貴人之名・曰天乙貴人・即此義也・

論三合

寅午戌化火・由寅木而生午火・午火而生戌土・在卦中戌能作火論・故從戌而化火・申子辰化水・由申金而生子水，子水而生辰木・辰土在卦中可作水論・

故從辰而化水・亥卯未化木・由亥水生卯木・卦中亥水可作木論・卯木尅未土・將未土尅化而從卯木・己酉丑金局・己火尅酉金・卦中己火可作金論・得丑土生之・將己火丑土・變化而從酉金・如祿神中・丙戊祿在巳・丁己祿在午・一干一支・同祿一宮・須知變化・則可以談理氣・論子評矣・

論長生

甲木長生在亥・爲亥水生甲木・屬陽順行・乙木長生在午・爲乙木生午火・屬陰逆行・已過地支六支・爲十二支之半・故逆行・丙火長生在寅・爲寅木生丙火・屬陽順行・丁火長生在酉・爲丁火尅酉金・屬陰火逆行・戊土長生在寅・爲寅木尅戊土・屬陽順行・己土長生在酉・爲己土生酉金・屬陰逆行・庚金長生在巳・爲巳火尅庚金・屬陽順行・辛金長生在子・爲辛金生子水・屬陰逆行・壬水長生在申・爲壬水生申金・屬陽順行・癸水長生在卯・爲癸水生卯木・屬陰逆行・皆陽六支・其所以陽六支者・甲木爲陽・爲日爲東・乙木爲陰・爲

夜爲酉・過地獄一半之數故也・其五行長生・火土長生在寅・水長生在申・金長生在巳・木長生在亥・卽寅申巳亥・人元起長生之一法・此用對宮・而起長生・火在寅・而水在申・金在巳・而木在亥・亦爲天地干支之半・如寅屬火爲春・而申屬水爲秋・巳屬金爲夏・而亥屬木爲冬・此爲四季之長生也・

論月建

月建者・提綱也・如正月建寅・立春卽以寅日爲建・日與月令同旺之故・其寅建・卯除・辰滿・巳平・午定・未執・申破・酉危・戌成・亥收・子開・丑閉・爲建日之地盤・若奇門以天盤而用・有一課極易・能避凶化吉・却與年支不可冲犯・訣曰用神支上加月建・建除滿平一順流・除定危開爲四戶・此方有難可逃去・如正月建寅・子時問課・卽在子宮起建・丑方除戶・得北方水・生卯木之吉・辰方定戶・得東方木・生午火之吉・未方危戶・得坤土生酉金之吉・戌方開戶・得乾金生子水之吉・倘有急難・卽起一課・能可逢凶化吉也・

長生斷子法

長生四子中旬半・沐浴一雙保吉祥・冠帶臨官三子位・旺中有子自成行・衰中二子病中一・死中至老沒兒郎・除非夯取他人子・入墓之時並天亡・受氣爲絕一個子・胎中頭胎是姑娘・養中三子只留一・男女宮中仔細詳・如甲子日・庚午時生人・甲木長生在亥・死於午・生於此時者・必至老沒兒郎・以此推之・無有不應驗者矣・

論星宿

角亢氐房心尾箕・斗牛女虛危室壁・奎婁胃昴畢觜參・井鬼柳星張翼軫・即木金土日月火水之五行・日屬火・月屬水・此五行一週天・須一千二百六十日・方可歸位・推星宿時中之分杪者・必以此五行爲主也・西曆以房虛昴星・爲星期日・此四宿所值者屬太陽・中曆起太陽者・必要此宿到宮・方爲真太陽・萬事皆吉・習此道者・必須熟讀皇極經・方可略知一二也・

論日主

凡春月甲乙生人・當身旺・丙丁亦同・如天干月令有尅洩・則又當別論・如庚寅月生人・甲日主受尅・則不能爲旺・必須以水爲用神・夏月戊己生人・當身旺・丙丁亦同・如天干有尅洩者・則又當別論・如壬午月生人・戊日主受洩・則不能爲旺・必須以火爲用神・洩壬氣而生戊土・秋月壬癸生人・當身旺・庚辛亦同・如天干有尅洩者・則又當別論・如丁酉月生人・壬日主受洩・必須以水爲用神・生丁壬所化之木・爲棄命從合格・冬月甲乙生人・當身旺・壬癸亦同・如天干有尅洩者・則又當別論・如庚子月生人・乙日主受尅・必須以水爲用神・生乙木・而洩乙庚化金之氣・培木爲主也・四季月戊己生人・當身旺・庚辛亦同・如天干有尅洩者・則又當別論・如壬辰月戊日主受洩・必須以火爲用神・生戊土・而洩壬氣・以上所論日主・必須四柱兼看・有太歲相扶者・雖弱不忌・旺者喜尅洩・衰者喜生扶・所謂太過者損之斯成・不及者益之則利・

庶幾可得中庸之道矣・

論大運

凡起大運・以月建爲主・以節令爲用・如移花接木・月建爲木・大運爲花・所以五年一運・行過者爲花落・至十二運・必有一沖提綱者・花甲一週也・亦能用中氣行運者・二年半一運・三十年沖提・究不適於中和之道・運沖四柱支者・爲反吟運・運與四柱干支相同者・爲伏吟運・若有此運・皆不謂吉・以三天爲一年・三十六時之數故也・必須推准三十六時足數・方爲一年・以一時作十天・如一天交節・則爲四個月行運・如已過節・當作下月推算・陽男陰女順行・陰男陽女逆行・順行者・數未來節令・逆行者・數已過節令・用節不用氣・以三天爲一年之故・如用氣・則以一天半爲一年也・不用氣之故在此・古人以三天爲一年・時之所積非三十日積月・不能推提綱大運干支流行之故也・東半球之命・當作此推・如西半球之命・則作氣推・西半球以氣爲節・以節爲氣・

後於東半球．一日之故耳．

論命宮

凡命宮．以中氣過將爲主．逆行月建．至生月止．順行生時．遇卯時止．正月寅與亥合．寅順行爲月建．亥逆行爲天將．此爲日月交會也。如四月生人巳時．在子宮起正月．逆行四月在酉．再在酉上加巳時順行．到未宮遇卯．卽安命未宮．如過中氣．則在午宮也．

論合婚

夫合婚者．合用神也．男女命四柱同看．損者益之．益者損之．或合三奇格．或合從化格．甲己化土之類．或合三合格．申子辰之類．或合宮星格．女命宮星．合男命之用．或合補助格．女命補助男命．五行之缺．或合長生格．或合得祿格．或合天月二德格．女命有天月德者．合夫用神之類．種種用神．筆難罄述．全憑合者會心．其三元合婚者．合男女宮度也．上元甲子一宮連．中元起巽下兌間．上五中二下八女．男逆女順挨宮流．合取男女八字．天醫福德生氣之吉．此法多不適用．庶不多謬．談此道者．不明天星宮度之故．如用此法合婚．非通天星宮度者．則不能也．

指白論

三元指白．上元甲子起坎卦．逆行九宮六十年．中元巽卦六十年．下元兌卦六十年．一百八十年．則仍歸坎卦而起．其月指白．子午卯酉年．正月起八白．辰戌丑未二黑是．寅申巳亥年．正月五黃歸正中．在中宮逆行．正月二月挨去．再入中宮順佈即得．學者看通書便知．其八節三奇．以四立二至二風爲主．立冬乾卦．立春艮卦．立夏巽卦．立秋坤卦．冬至坎卦．夏至離卦．春風震卦．秋風兌卦．八節須用甲子推起八卦．分類而用．訣曰冬夏二至順逆飛．八節須尋甲子推．當年歲下五虎遁．便知方位有三奇．如丁卯年．立春三奇．即在艮卦起甲子順行．乙丑到離．丙寅到坎．丁卯到坤．即在本卦遁壬寅順行．癸

卯到震・甲辰到巽・乙奇中・丙奇乾・丁奇兌・之三奇方位是也・若是往・則又逆行而推可也・

定太陽出沒時刻長短歌

正月出乙入庚方・二八出免入鷄塲・三七發甲入辛地・四六出寅入戌方・五月生艮歸乾上・仲冬出巽入坤方・惟有十月與十二・出辰入申仔細詳・

定寅時歌

正九五更四點徹・二八五更二點歇・三七平光是寅時・四六日出寅無別・五月日高三丈地・十月十二四更二・仲冬纔到四更初・此是寅時須切記・

起神煞例

一太歲・二獨火・三喪門・四勾陳・五官符・六死符・七小耗・八大耗・九將軍・十皇帝・十一吊客・十二病符・

察賊所在課

問賊未知賊所在。加時春乙夏居丁。秋辛冬癸名天目。賊當在下伏其形。此六壬課法。以天將加用時順行。春乙者寄辰。夏丁者寄未。秋辛者寄戌。冬癸者寄丑。如春月用子時亥將。卽用亥加子順行。辰到巳方。賊必在巳方藏伏也。

月禽起例

會得年禽月易求。太陽用角木參頭。太陰室宿火星值。金心土胃水騎牛。如太陽值年。正月起角宿。順數十二月。木宿值年。正月起參宿是也。

日禽起例

七元禽星會者稀。虛奎畢鬼翌氐箕。但將甲子從頭數。元元相續報君知。如一元甲子。虛宿值年。虛宿管局。皆太陽也。以太陽而定星宿是也。

天地干支數

甲己子午九。乙庚丑未八。丙辛寅申七。丁壬卯酉六。戊癸辰戌五。巳亥單四數。

論小限

小限管一年之事・以命宮加子逆行・遇太歲住處。即是小限也。

月限法

月限在小限宮。逆起正月。如小限寅・則二月在丑矣・

論變化之機

昔葉天士・以梧桐葉催生・梧桐豈可催生乎・適交秋之時・正適機也・子評之理・起大運・若遇節令之時所生者・亦必須查准・稍有不慎・則行運全錯・有變通之一法・照兩種行運而推算・問其刑尅喜慶・合乎命運者是真・不合命運者是錯・又有一法・非推出一百二十分不准・上四十分・中四十分・下四十分・此爲三命之法也・

年上起月

甲己之年丙作首・乙庚之歲戊爲頭・丙辛之歲尋庚上・丁壬壬位順行流・若問

戊癸何方發．甲寅之上好推求．

日上起時

甲己還加甲．乙庚丙作初．丙辛從戊起．丁壬庚子居．戊癸推壬子．時年永不訛．

十二支相刑

寅刑巳．巳刑申．丑刑戌．戌刑未．子刑卯．卯刑子．辰刑午．午刑亥．

五行生尅

生我者．陰見陰．陽見陽．爲偏印．陰見陽。陽見陰．爲正印．尅我者．陰見陰．陽見陽．爲七煞．陰見陽．陽見陰．爲正官．我生者．陰見陰．陽見陽．爲食神，陰見陽．陽見陰．爲傷官．我尅者。陰見陰．陽見陽．爲偏財．陰見陽．陽見陰．爲正財。比和者．陰見陰．陽見陽．爲比肩．陰見陽．陽見陰．爲刦財．陰陽相見．以日干爲主．論六親財官印比之法．但食神．又有一論．

陰見陽・陽見陰・爲食神・陽見陽・陰見陰・爲傷官・惡撥我生者・洩我氣也・身旺之命。無論食神與傷官・皆爲我之所用・許添丁進口也・食神落時・行食神運・身旺者・子孫必多・衰者・則當別論矣・

天上三奇格地支合局格

天上三奇甲戊庚・地下三奇乙丙丁・人中三奇壬癸辛・申子辰水局・寅午戌火局・巳酉丑金局・亥卯未木局・辰戌丑未土局・此格人命逢之最吉・地下三奇・地支暗藏不雜亦吉・

六十甲子歌訣

甲子乙丑海中金・丙寅丁卯爐中火・戊辰己巳大林木・庚午辛未路傍土・壬申癸酉劍鋒金・甲戌乙亥山頭火・丙子丁丑澗下水・戊寅己卯城頭土・庚辰辛巳白蠟金・壬午癸未楊柳木・甲申乙酉泉中水・丙戌丁亥屋上土・戊子己丑霹靂火・庚寅辛卯松柏木・壬辰癸巳長流水・甲午乙未沙中金・丙申丁酉山下火・

戊戌己亥平地木・庚子辛丑壁上土・壬寅癸卯金箔金・甲辰乙巳覆燈火・丙午丁未天河水・戊申己酉大驛土・庚戌辛亥釵釧金・壬子癸丑桑柘木・甲寅乙卯大溪水・丙辰丁巳沙中土・戊午己未天上火・庚申辛酉石榴木・壬戌癸亥大海水・此歌論五行輕重之義・如屋上土・金箔金・言最少之義・天河水・大海水・言一水在上・一水在下之義・三十年五行一轉也・全憑學者會心・庶不多述也・

十二支所藏

子宮癸水在其中・丑癸辛金己土同・寅宮甲木兼丙戊・卯宮乙木獨相逢・辰藏乙戊三分癸・巳宮庚金丙戊叢・午宮丁火兼己土・未宮乙己丁共宗・申位庚金壬水戊・酉宮辛字獨一重・戌宮辛金兼丁戊・亥宮壬甲是真蹤・

論羊刃

夫羊刃者・祿前一位是也・如甲日生人・卯爲羊刃・乙生人・辰爲羊刃・其羊

刃對沖・則爲飛刃也・行羊刃運・遇流年・必主刑尅矣・

論旬空

甲子旬中戌亥空・甲戌旬中申酉空・甲申旬中午未空・甲午旬中辰巳空・甲辰旬中寅卯空・甲寅旬中子丑空・其六甲有旬空・而六丁六壬六戊六己六乙六丙六庚六辛六癸・皆是一樣用法・如甲子旬戌亥空・其戌上有甲木・亥上有乙木・只得半空・旬空者・空地支也・文王卦爻・最重此法・學者須在此處研究・方有進步也・

五不遇時及截路空亡時

時干尅日干者・爲五不遇時・如甲子日午未時・庚辛金來尅日干也・截路空亡者・壬癸二水也・申酉二時干是壬癸・言隔水之意耳・逢金日干得生・不作此論也・

月破論

對宮冲者・爲月破・如寅月與申冲・因太陽在亥宮之故・如到四月・則又與申合・而冲亥宮・先冲後合・兩片之輪轉也・

論天赦日

春戊寅・夏甲午・秋戊申・冬甲子・逢開日爲眞天赦・最不易得・如春正月・開在子・二月開在丑・三月開在寅・能得戊天干・雖辰月而得開旺故也・夏四月・開在卯・五月開在辰・六月開在巳・秋七月開在午・八月開在未・九月開在申・能得戊天干，雖戌月而得開旺故也・冬十月開在酉・十一月開在戌・十二月開在亥也・按天赦日・不可求之太精・其得開日者・春月寅卯過時・辰月則得開寅補助・秋月申酉過時・戌月則得開申補助・爲旺氣過時・暗藏春色之意・其實天赦日・皆爲春夏秋冬・四季乘旺之吉日也・

論祿神運

祿爲人之衣食・四柱有祿者・忌行祿運・爲飽祿運・爲伏吟運・最忌冲犯・若

四柱無祿者．喜行祿運．爲飢祿運．必須得用神方吉．若與四柱有合有冲者．則又當別論也．

論小孩關煞

凡小孩關煞多端．最難查考．特取其簡便精確者．略舉數種．先看身旺爲主．次論未交運之年月甲子干支．若犯刑冲尅害．論身主衰旺．身旺刑尅輕者不忌．身弱刑尅重者忌之．若交大運．則可以運而斷．如小運．男一歲起寅．女一歲起申．男逆女順．挨宮輪流．一年一宮．查逐年小運吉凶．如交大運．則不以此法爲用矣．

總論女命

夫女命者．得坤道而生．其行大運．則以中氣爲主．得西半球之氣所生也．其立女命宮．當以酉宮爲主．所以女命最喜月德．夫月德乃女命之太陰．與男命之得太陽照命．一身榮華富貴相同．如女命之得太陰者．必可斷爲一品夫人．

知命篇

得用神者爲眞・若落旬空・則不驗矣・如居西半球之人・地氣屬陰・故女人・猶中國東半球之男人・主外・地體使之然也・待六十年之後・交下甲子・運會交午會者・則天下男女平權・古人云人居地中・地球之上・三山六水一分田・應配六水・陽卦三卦・三山一田・配陰卦二卦・一分田者・半陽半陰・配人元所得之一卦・方合文王卦・六爻之氣・外三爻・內三爻・陰陽之對待也・故配東半球男女二象・西半球男女二象・至午會甲子天運・東半球行西半球之氣・西半球行東半球之氣・其陰陽之平權也・如女命起法・以中氣爲主・陰干順行運・數未來中氣・陽干逆行運・數已過中氣・三天爲一年・與男命一樣用法・其命宮・則以生月在午順數・至生月止・再加生時逆數・遇酉・卽是安命宮也・其小限在命宮加午時順行・遇太歲則止・卽爲小限・管一年之事・與男命子評用法相同・無非起順者用逆・起逆者用順之意耳・男命得太陽而生・女命得太陰而生・無陽則不生・無陰則不成・女命從西而東・後於男也・男命從東而

西・先於女也・若照西半球而論・女先於男也・男後於女也・陰陽若不交媾・則不能生人・所以女命可從男命而算・此節自古從無明文・姑發明其理・以待後賢研究・茲特錄一女命四柱於左・如丁卯年正月初九日子時生・十八日子時雨水・一女命以備參考・命宮以節爲過氣也・

丁卯　祿　　　　三歲行運　癸卯

合

壬寅　　　　甲辰

　　　　乙巳

合

乙亥　　　　丙午

　　　　丁未

丙子　貴人　　　　戊申

命立酉宮過戌

總論

夫命理之道．易數也．世間萬事萬物．皆有一命．其爲人最靈．龍虎猛獸次之．至如螻蟻之微．亦莫不然．得陽片所生之動物．樹木花草之類．屬陰片所生之靜物．皆有命理存焉．當旺之時則茂盛．當刦之時則夭折．其生之時．卽早定之於數．萬事豈可能逃陰陽之數者乎．如造物然．無陰陽則不能成物．無五行則不能成件，譬如茶碗而論．取泥則成土器．造成而必水潤．燒窰則成木火．無水則不能爲飲．空有是碗也．或曰如碗乘乾物而食．豈不缺水乎．予曰變卦後天之故．如人命中有缺五行者．卽變卦之義也．昔邵夫子所著皇極經世．鐵板神數．發明河洛之秘．出乎大易之理．開大易之門．造後學之路．豈淺鮮哉．後賢入數學之門者．莫不由夫子之義．而入正軌也．習此道者．宜多看書．精思想．通變化．會用神．講來往．定動靜．觀陰陽．推八卦．挨九星．辨八方．論四氣．推三才．分兩片．定雌雄．論七星．排節氣．訪高賢．學秘訣

・庶幾可窺夫子之門牆・而成精於數學之流者歟・

論長生法四大水口

乙丙交而趨戌・辛壬會而聚辰・斗牛納丁庚之氣・金羊收癸甲之靈・尹一勺先生言之甚詳・如水口在辰・則知起祖之山必乾・辛右旋龍生子墓辰・壬左旋龍生申墓辰・一左一右・則知祖山必乾・此一勺先生看地之經驗・惜不知六甲空一片之用・如辰年即是辛壬二龍之氣・辛壬二年即是辰龍水口之氣也・所以地理一道・必須體用兼通・命理亦係體用之分・以八字爲體・日干爲用・全憑學者會心萬事萬物・皆要在空處立極・看體看用・庶幾可以談理氣・談命理矣・愚所著地理辨正補註兩册・讀者莫知門徑・故特著此篇以補地理之一助焉・民國丁卯年正月後學隨緣子論・

讀左春谷三餘偶筆・有堪輿一節・男命起寅一節・元二一節錄後・

堪輿

漢書藝文志・有堪輿金匱十四卷・師古曰・許慎云・堪天道・輿地道也・可知堪輿之說・自古有之・家語子夏曰・商聞山書曰・地東西爲緯・南北爲經・山爲積德・川爲積刑・高者爲生・下者爲死・邱陵爲牡・谿谷爲牝・此卽堪輿家之說・所謂山書・今亦不傳・愚按山書・或今言巒頭也・

男命起寅

難經十九難曰・男子生于寅・寅爲木陽也・女子生于申・申爲金陰也・紀氏注曰・生物之初・其本原皆始于子・子者萬物之所以始也・自子推之・男左旋・三十而至于巳・女右旋・二十而至于巳・是男女婚姻之數也・自巳而懷孕・男左旋・十月而生於寅・寅爲木陽也・女右旋・十月而生於申・申爲金陰也・按容齋續筆・謂今之五行家・凡男子小運起於寅・女子小運起於申・莫知何書所載・而引許叔重注・淮南子氾論訓云・男生於寅・女生於申・故男子數從寅起・女子數從申起・以爲起寅起申之說所始・然秦越人・乃春秋時人・已有男子

生寅・女子生申之語・則推命家言・男一歲起丙寅・女一歲起壬申・其法不自漢始・春秋時當已有之・虞氏曰難經不言起・而言生・謂生下已爲一歲矣・壬丙二幹水火也・水火爲萬物之父母・寅申二支金木也・爲生物成質之終也・

元二

容齋隨筆曰・漢碑有楊孟文石門頌云・中遭元二・西夷虐殘・孔耽碑云・遭元二轗軻・人民相食・趙明誠金石跋云・若讀爲元元不成文理・疑當時自有此語・漢注未必然也・余按元二・乃指運數之災厄而言・漢書律歷志・易九厄曰・初入元百六・陽九次三百七拾四・陰九次四百八十・陽九次・七百二十・陰七次・七百二十・陽七次・六百・陰五次・六百・陽五次・四百八十・陰三次・四百八十・陽三凡四千六百一十七歲・與一元終經歲四千五百六十・災歲五十七・經歲者・從百六終陽三也・得災歲五十七・合爲一元・四千六百一十七歲・一元之中・有九厄・陽厄五・陰厄四・陽爲旱・陰爲水・陽九者・九年旱・

陰九者．九年水也．漢人每有此語．故陳忠傳亦云．自帝卽位以後．頓遭元二之厄．與王莽傳三七之厄．後漢書郎顗傳．五際之厄．一例語也．皆指運數言也．是所謂同之陽九．附之百六也．愚按有數卽有卦之凶吉．俗云冬至百是清明．得一百另六天．或者推數爲始之法在此．終於陽三之數爲止．但其之陽九次．七百二十．陰七次．之七百二十．陽九次．四百八十．陰三次．百八十．其分卦而不分數．愚讀地理書二十年之苦心．其方位氣運之吉凶．知一二．其數學氣運之吉凶．則吾不能知也．明知數從易出．然讀者先宜諸極經世一書．庶易入門．海內之同志．當不以斯言爲河漢乎．

論京氏易傳及江愼修周易釋義一節

數學之道・卽以年月日時・配卦而起數・如京氏易傳云・積算己巳火至戊辰土・周而復始・爲逆行・其二十八宿起鎭星之土宿・其巽下乾上卦・之辛壬降內外象・庚午至乙亥・積算起乙亥水至丙戌土・周而復始・乙交丙爲順行・起太白之金宿・此乃真傳正訣・如江氏論三十六宮・配六十四卦・其內不可反易者八卦・可反易者五十六卦・配陽二十八卦・陰二十八卦・再加不可反易之八卦・豈不是三十六宮乎・京氏易傳・見漢魏叢書本・周易釋義・清同治曾國藩氏之翻印・始特誌之・以便讀者易購也・余注天玉經倒排父母是真龍・子息達天

編號	書名	作者	說明
占筮類			
1	擲地金聲搜精秘訣	心一堂編	沈氏研易樓藏稀見易占秘鈔本
2	卜易拆字秘傳百日通	心一堂編	
3	易占陽宅六十四卦秘斷	心一堂編	火珠林占陽宅風水秘鈔本
星命類			
4	斗數宣微	【民國】王裁珊	民初最重要斗數著述之一；未刪改本
5	斗數觀測錄	【民國】王裁珊	失傳民初斗數重要著作
6	《地星會源》《斗數綱要》合刊	心一堂編	失傳的第三種飛星斗數
7	《斗數秘鈔》《紫微斗數之捷徑》合刊	心一堂編	珍稀「紫微斗數」舊鈔秘本
8	斗數演例	心一堂編	
9	紫微斗數全書（清初刻原本）	題【宋】陳希夷	斗數全書本來面目；有別於錯誤極多的坊本
10－12	鐵板神數（清刻足本）——附秘鈔密碼表	題【宋】邵雍	無錯漏原版秘鈔密碼表 首次公開！
13－15	蠢子數纏度	題【宋】邵雍	蠢子數連密碼表打破數百年秘傳 首次公開！
16－19	皇極數	題【宋】邵雍	清鈔孤本附起例及完整密碼表研究神數必讀！
20－21	邵夫子先天神數	題【宋】邵雍	附手鈔密碼表研究神數必讀！
22	八刻分經定數（密碼表）	題【宋】邵雍	皇極數另一版本；附手鈔密碼表
23	新命理探原	【民國】袁樹珊	子平命理必讀教科書！
24－25	袁氏命譜	【民國】袁樹珊	
26	韋氏命學講義	【民國】韋千里	民初二大命理家南袁北韋
27	千里命稿	【民國】韋千里	
28	精選命理約言	【民國】韋千里	北韋之命理經典
29	滴天髓闡微——附李雨田命理初學捷徑	【民國】袁樹珊、李雨田	命理經典未刪改足本
30	段氏白話命學綱要	【民國】段方	民初命理經典最淺白易懂
31	命理用神精華	【民國】王心田	學命理者之寶鏡

編號	書名	作者	備註
62	地理辨正補註 附 元空秘旨 天元五歌 玄空精髓 心法秘訣等數種合刊	【民國】胡仲言	貫通易理、巒頭、三元、三合、天星、中醫
63	地理辨正自解	【清】李思白	公開玄空家「分率尺、工部尺、量天尺」之秘
64	許氏地理辨正釋義	【民國】許錦灝	民國易學名家黃元炳力薦
65	地理辨正天玉經內傳要訣圖解	【清】程懷榮	秘訣一語道破，圖文并茂
66	謝氏地理書	【民國】謝復	玄空體用兼備、深入淺出
67	論山水元運易理斷驗、三元氣運說附紫白訣等五種合刊	【宋】吳景鸞等	失傳古本《玄空秘旨》《紫白訣》
68	星卦奧義圖訣	【清】施安仁	
69	三元地學秘傳	【清】何文源	
70	三元玄空挨星四十八局圖說	心一堂編	三元玄空門內秘笈　清鈔孤本 過去均為必須守秘不能公開秘密 與今天流行飛星法不同
71	三元挨星秘訣仙傳	心一堂編	
72	三元地理正傳	心一堂編	
73	三元天心正運	心一堂編	
74	元空紫白陽宅秘旨	心一堂編	
75	玄空挨星秘圖 附 堪輿指迷	心一堂編	
76	姚氏地理辨正圖說 附 地理九星并挨星真訣全圖 秘傳河圖精義等數種合刊	【清】姚文田等	
77	元空法鑑批點本——附 法鑑口授訣要、秘傳玄空三鑑奧義匯鈔 合刊	【清】曾懷玉等	蓮池心法　玄空六法 門內秘鈔本首次公開
78	元空法鑑心法	【清】曾懷玉等	
79	曾懷玉增批蔣徒傳天玉經補註【新修訂版原（彩）色本】	【清】項木林、曾懷玉	揭開連城派風水之秘
80	地理學新義	【民國】俞仁宇撰	
81	地理辨正揭隱（足本） 附連城派秘鈔口訣	【民國】王邈達	
82	趙連城傳地理秘訣附雪庵和尚字字金	【明】趙連城	
83	趙連城秘傳楊公地理真訣	【明】趙連城	
84	地理法門全書	仗溪子、芝罘子	巒頭風水，內容簡核、深入淺出
85	地理方外別傳	【清】熙齋上人	巒頭形勢、「望氣」「鑑神」
86	地理輯要	【清】余鵬	集地理經典之精要
87	地理秘珍	【清】錫九氏	巒頭、三合天星，圖文並茂
88	《羅經舉要》附《附三合天機秘訣》	【清】賈長吉	清鈔孤本羅經、三合訣法圖解
89-90	嚴陵張九儀增釋地理琢玉斧巒	【清】張九儀	清初三合風水名家張九儀經典清刻原本！

編號	書名	作者	說明
91	地學形勢摘要	心一堂編	形家秘鈔珍本
92	《平洋地理入門》《巒頭圖解》合刊	【清】盧崇台	平洋水法、形家秘本
93	《鑒水極玄經》《秘授水法》合刊	【唐】司馬頭陀、【清】鮑湘襟	千古之秘，不可妄傳匪人
94	平洋地理闡秘	心一堂編	雲間三元平洋形法秘鈔珍本
95	地經圖說	【清】余九皋	形勢理氣、精繪圖文
96	司馬頭陀地鉗	【唐】司馬頭陀	流傳極稀《地鉗》
97	欽天監地理醒世切要辨論	【清】欽天監	公開清代皇室御用風水真本
三式類			
98-99	大六壬尋源二種	【清】張純照	六壬入門、占課指南
100	六壬教科六壬鑰	【民國】蔣問天	由淺入深，首尾悉備
101	壬課總訣	心一堂編	
102	六壬秘斷	心一堂編	過去術家不外傳的珍稀六壬術秘鈔本
103	大六壬類闡	心一堂編	
104	六壬秘笈——韋千里占卜講義	【民國】韋千里	六壬入門必備
105	壬學述古	【民國】曹仁麟	依法占之，「無不神驗」
106	奇門揭要	心一堂編	集「法奇門」、「術奇門」精要
107	奇門行軍要略	【清】劉文瀾	條理清晰、簡明易用
108	奇門大宗直旨	劉毗	天下孤本 首次公開
109	奇門三奇干支神應	馮繼明	虛白廬藏本《秘藏遁甲天機》
110	奇門仙機	題【漢】張子房	
111	奇門心法秘纂	題【漢】韓信（淮陰侯）	奇門不傳之秘 應驗如神
112	奇門廬中闡秘	題【三國】諸葛武侯註	
選擇類			
113-114	儀度六壬選日要訣	【清】張九儀	清初三合風水名家張九儀擇日秘傳
115	天元選擇辨正	【清】一園主人	釋蔣大鴻天元選擇法
其他類			
116	述卜筮星相學	【民國】袁樹珊	民初二大命理家南袁北韋
117-120	中國歷代卜人傳	【民國】袁樹珊	南袁之術數經典